Trostworte

Trostworte

Zitate, Bibelworte
und Segenstexte
zur Kondolenz

benno

Bibliografische Information der Deutschen Nationalbibliothek
Die Deutsche Nationalbibliothek verzeichnet diese Publikation in der Deutschen Nationalbibliografie; detaillierte bibliografische Daten sind im Internet über http://dnb.d-nb.de abrufbar.

Bitte besuchen Sie uns im Internet unter
www.st-benno.de

ISBN 978-3-7462-3112-9

04159 Leipzig, Stammerstr. 11
Zusammengestellt u. herausgegeben von Volker Bauch, Leipzig
Einbandgestaltung: Ulrike Vetter, Leipzig
Umschlagabbildung: © Leonid Tit/Fotolia.de
Gesamtherstellung: Kontext, Lemsel (C)

Inhalt

BIBELWORTE

Altes Testament

Fürchte dich nicht, Abram, ich bin dein Schild; dein Lohn wird sehr groß sein.

Genesis 15,1

Haltet mich nicht auf, antwortete er ihnen, der Herr hat meine Reise gelingen lassen. Lasst mich also zu meinem Herrn zurückkehren!

Genesis 24,56

Auf deine Hilfe harre ich, Herr.

Genesis 49,18

Ich werde einen Engel schicken, der dir vorausgeht. Er soll dich auf dem Weg schützen und dich an den Ort bringen, den ich bestimmt habe. Achte auf ihn und hör auf seine Stimme!

Exodus 23,20–21a

Der Herr segne dich und behüte dich.
Der Herr lasse sein Angesicht über dich leuchten
und sei dir gnädig.
Der Herr wende sein Angesicht dir zu
und schenke dir Heil.

Numeri 6,24–26

Ich lasse dich nicht fallen und verlasse dich nicht.

Josua 1,5b

Bleibt über Nacht hier! Der Tag geht zur Neige; übernachte hier und lass es dir gut gehen!

Richter 19,9

Wohin du gehst, dahin gehe auch ich, und wo du bleibst, da bleibe auch ich. Dein Volk ist mein Volk und dein Gott ist mein Gott.

Rut 1,16

Wir müssen alle sterben und sind wie das Wasser, das man auf die Erde schüttet und nicht wieder einsammeln kann. Aber Gott wird dem das Leben nicht nehmen, der darauf aus ist, dass ein von ihm Verstoßener nicht verstoßen bleibt.

2. Samuel 14,14

Doch ich, ich weiß: Mein Erlöser lebt,
als Letzter erhebt er sich über dem Staub.
Ohne meine Haut, die so zerfetzte,
und ohne mein Fleisch werde ich Gott schauen.
Ihn selber werde ich dann für mich schauen;
meine Augen werden ihn sehen, nicht mehr fremd.
Danach sehnt sich mein Herz in meiner Brust.

Ijob 19,25–27

Er führte mich hinaus ins Weite,
er befreite mich.

Psalm 18,20

Mein Gott, mein Gott,
warum hast du mich verlassen,
bist fern meinem Schreien,
den Worten meiner Klage?
Mein Gott, ich rufe bei Tag,
doch du gibst keine Antwort;
ich rufe bei Nacht und finde doch keine Ruhe.
Dir haben unsre Väter vertraut,
sie haben vertraut und du hast sie gerettet.
Zu dir riefen sie und wurden befreit,
dir vertrauten sie und wurden nicht zuschanden.

Psalm 22,2–3.5-6

Muss ich auch wandern in finsterer Schlucht,
ich fürchte kein Unheil; denn du bist bei mir,
dein Stock und dein Stab geben mir Zuversicht.

Psalm 23,4

Der Herr ist mein Licht und mein Heil:
Vor wem sollte ich mich fürchten?

Psalm 27,1

Ich suchte den Herrn und er hat mich erhört,
er hat mich all meinen Ängsten entrissen.

Psalm 34,5

In deine Hände lege ich voll Vertrauen meinen Geist;
du hast mich erlöst, Herr, du treuer Gott.

Psalm 31,6

Ich aber, Herr, ich vertraue dir,
ich sage: „Du bist mein Gott."
In deiner Hand liegt mein Geschick;
entreiß mich der Hand meiner Feinde und Verfolger!

Psalm 31,15–16

Nahe ist der Herr den zerbrochenen Herzen,
er hilft denen auf, die zerknirscht sind.

Psalm 34,19

Befiehl dem Herrn deinen Weg und vertrau ihm;
er wird es fügen.

Psalm 37,5

Sei still vor dem Herrn und harre auf ihn!

Psalm 37,7

Doch Gott wird mich loskaufen
aus dem Reich des Todes,
ja, er nimmt mich auf.

Psalm 49,16

Wirf deine Sorge auf den Herrn,
er hält dich aufrecht!

Psalm 55,23

Bei Gott allein kommt meine Seele zur Ruhe;
denn von ihm kommt meine Hoffnung.
Nur er ist mein Fels, meine Hilfe, meine Burg;
darum werde ich nicht wanken.

Psalm 62,6–7

Wie der Hirsch lechzt nach frischem Wasser,
so lechzt meine Seele, Gott, nach dir.
Meine Seele dürstet nach Gott,
nach dem lebendigen Gott.
Wann darf ich kommen
und Gottes Antlitz schauen?
Tränen waren mein Brot bei Tag und bei Nacht;
denn man sagt zu mir den ganzen Tag: „Wo ist nun dein Gott?“
Das Herz geht mir über, wenn ich daran denke:
wie ich zum Haus Gottes zog in festlicher Schar,
mit Jubel und Dank in feiernder Menge.
Meine Seele, warum bist du betrübt
und bist so unruhig in mir?
Harre auf Gott; denn ich werde ihm noch danken,
meinem Gott und Retter, auf den ich schaue.

Psalm 42,2–6

Gott trägt uns, er ist unsre Hilfe.

Psalm 68,20

Bei Gott allein kommt meine Seele zur Ruhe,
von ihm kommt mir Hilfe.
Nur er ist mein Fels, meine Hilfe, meine Burg;
darum werde ich nicht wanken.
Bei Gott ist mein Heil, meine Ehre;
Gott ist mein schützender Fels, meine Zuflucht.
Vertrau ihm, Volk (Gottes), zu jeder Zeit!
Schüttet euer Herz vor ihm aus!
Denn Gott ist unsere Zuflucht.
Eines hat Gott gesagt, zweierlei habe ich gehört:
Bei Gott ist die Macht;
Herr, bei dir ist die Huld.
Denn du wirst jedem vergelten,
wie es seine Taten verdienen.

Psalm 62,2–3.8-9.12–13

Gott ist ein Gott, der uns Rettung bringt,
Gott, der Herr, führt uns heraus aus dem Tod.

Psalm 68,21

Ich aber bleibe immer bei dir,
du hältst mich an meiner Rechten.
Du leitest mich nach deinem Ratschluss
und nimmst mich am Ende auf in Herrlichkeit.
Was habe ich im Himmel außer dir?
Neben dir erfreut mich nichts auf der Erde.
Auch wenn mein Leib und mein Herz
verschmachten,
Gott ist der Fels meines Herzens
und mein Anteil auf ewig.

Psalm 73,23–26

Ich aber – Gott nahe zu sein ist mein Glück.
Ich setze auf Gott, den Herrn, mein Vertrauen.
Ich will all deine Taten verkünden.

Psalm 73,28

Beschütze mich, denn ich bin dir ergeben!
Hilf deinem Knecht, der dir vertraut!

Psalm 86,2

Wer im Schutz des Höchsten wohnt
und ruht im Schatten des Allmächtigen,
der sagt zum Herrn:
„Du bist für mich Zuflucht und Burg,
mein Gott, dem ich vertraue.“

Psalm 91,1–2

Denn er befiehlt seinen Engeln,
dich zu behüten auf all deinen Wegen.
Sie tragen dich auf ihren Händen,
damit dein Fuß nicht an einen Stein stößt.

Psalm 91,11–12

Dein Wort ist meinem Fuß eine Leuchte,
ein Licht für meine Pfade.

Psalm 119,105

Ich hebe meine Augen auf zu den Bergen:
Woher kommt mir Hilfe?
Meine Hilfe kommt vom Herrn,
der Himmel und Erde gemacht hat.

Psalm 121,1–2

Der Herr behüte dich, wenn du fortgehst
und wiederkommst,
von nun an bis in Ewigkeit.

Psalm 121,8

Unsre Hilfe steht im Namen des Herrn,
der Himmel und Erde gemacht hat.

Psalm 124,8

Du umschließt mich von allen Seiten
und legst deine Hand auf mich.

Psalm 139,5

Der Herr ist allen, die ihn anrufen, nahe,
allen, die zu ihm aufrichtig rufen.

Psalm 145,18

Des Menschen Herz plant seinen Weg,
doch der Herr lenkt seinen Schritt.

Sprichwörter 16,9

Alles hat seine Stunde.
Für jedes Geschehen unter dem Himmel
gibt es eine bestimmte Zeit:
eine Zeit zum Gebären
und eine Zeit zum Sterben,
eine Zeit zum Pflanzen
und eine Zeit zum Abernten der Pflanzen,
eine Zeit zum Töten
und eine Zeit zum Heilen,
eine Zeit zum Niederreißen
und eine Zeit zum Bauen,
eine Zeit zum Weinen
und eine Zeit zum Lachen,
eine Zeit für die Klage
und eine Zeit für den Tanz.

Kohelet 3,1–4

Er beseitigt den Tod für immer.
Gott, der Herr, wischt die Tränen ab von jedem Gesicht.

Jesaja 25,8

Fürchte dich nicht, denn ich bin mit dir;
hab keine Angst, denn ich bin dein Gott.
Ich helfe dir, ja, ich mache dich stark,
ja, ich halte dich mit meiner hilfreichen Rechten.

Jesaja 41,10

Fürchte dich nicht, denn ich habe dich ausgelöst,
ich habe dich beim Namen gerufen,
du gehörst mir.

Jesaja 43,1

Auch wenn die Berge von ihrem Platz weichen
und die Hügel zu wanken beginnen –
meine Huld wird nie von dir weichen
und der Bund meines Friedens nicht wanken,
spricht der Herr, der Erbarmen hat mit dir.

Jesaja 54,10

Auf, werde licht, denn es kommt dein Licht
und die Herrlichkeit des Herrn geht leuchtend auf
über dir.

Jesaja 60,1

Denn siehe, Finsternis bedeckt die Erde
und Dunkel die Völker,
doch über dir geht leuchtend der Herr auf,
seine Herrlichkeit erscheint über dir.

Jesaja 60,2

Er hat mich gesandt,
damit ich den Armen eine frohe Botschaft bringe
und alle heile, deren Herz zerbrochen ist,
damit ich den Gefangenen die Entlassung verkünde
und den Gefesselten die Befreiung.

Jesaja 61,1

Dein Wort war mir Glück und Herzensfreude.

Jeremia 15,16

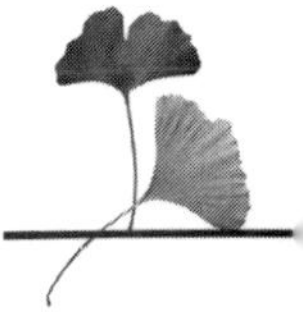

Denn ich, ich kenne meine Pläne, die ich für euch habe – Spruch des Herrn –,
Pläne des Heils und nicht des Unheils;
denn ich will euch eine Zukunft und eine Hoffnung geben.
Wenn ihr mich ruft,
wenn ihr kommt und zu mir betet,
so erhöre ich euch.
Sucht ihr mich,
so findet ihr mich.
Wenn ihr von ganzem Herzen nach mir fragt,
lasse ich mich von euch finden – Spruch des Herrn.
Ich wende euer Geschick und sammle euch aus allen Völkern und von allen Orten,
wohin ich euch versprengt habe – Spruch des Herrn.

Jeremia 29,11–14

Mein Gott, neig mir dein Ohr zu und höre mich;
öffne deine Augen und sieh auf die Trümmer,
auf unsere Stadt, über der dein Name ausgerufen ist.
Nicht im Vertrauen auf unsere guten Taten legen wir dir unsere Bitten vor,
sondern im Vertrauen auf dein großes Erbarmen.

Daniel 9,18

Leg mich wie ein Siegel auf dein Herz,
wie ein Siegel an deinen Arm!
Stark wie der Tod ist die Liebe,
die Leidenschaft ist hart wie die Unterwelt.
Ihre Gluten sind Feuergluten,
gewaltige Flammen.

Hohelied 8,6

BIBELWORTE

Neues Testament

Selig die Trauernden;
denn sie werden getröstet werden.

Matthäus 5,4

Selig, die ein reines Herz haben;
denn sie werden Gott schauen.

Matthäus 5,8

Dein Reich komme,
dein Wille geschehe
wie im Himmel, so auf der Erde.

Matthäus 6,10

Kommt alle zu mir, die ihr euch plagt
und schwere Lasten zu tragen habt.
Ich werde euch Ruhe verschaffen.
Nehmt mein Joch auf euch und lernt von mir;
denn ich bin gütig und von Herzen demütig;
so werdet ihr Ruhe finden für eure Seele.

Matthäus 11,28–29

Ich aber habe für dich gebetet, dass dein Glaube nicht erlischt.

Lukas 22,32

Bleib doch bei uns;
denn es wird bald Abend,
der Tag hat sich schon geneigt.

Lukas 24,29

Damit jeder, der (an ihn) glaubt,
in ihm das ewige Leben hat.

Johannes 3,15

Denn Gott hat die Welt so sehr geliebt, dass er seinen einzigen Sohn hingab,
damit jeder, der an ihn glaubt, nicht zugrunde geht, sondern das ewige Leben hat.

Johannes 3,16

Wundert euch nicht darüber!
Die Stunde kommt, in der alle, die in den Gräbern sind, seine Stimme hören und herauskommen werden:
Die das Gute getan haben, werden zum Leben auferstehen, die das Böse getan haben, zum Gericht.

Johannes 5,28–29

Amen, amen, ich sage euch:
Wer glaubt, hat das ewige Leben.

Johannes 6,47

Ich bin das lebendige Brot, das vom Himmel herabgekommen ist.
Wer von diesem Brot isst, wird in Ewigkeit leben.

Johannes 6,51

Ich bin das Licht der Welt. Wer mir nachfolgt,
wird nicht in der Finsternis umhergehen,
sondern wird das Licht des Lebens haben.

Johannes 8,12

Wer in den Schafstall nicht durch die Tür hineingeht, sondern anderswo einsteigt, der ist ein Dieb und ein Räuber.
Wer aber durch die Tür hineingeht, ist der Hirt der Schafe.
Wie mich der Vater kennt und ich den Vater kenne; und ich gebe mein Leben hin für die Schafe.
Meine Schafe hören auf meine Stimme; ich kenne sie und sie folgen mir.
Ich gebe ihnen ewiges Leben.
Sie werden niemals zugrunde gehen und niemand wird sie meiner Hand entreißen.
Mein Vater, der sie mir gab, ist größer als alle und niemand kann sie der Hand meines Vaters entreißen.

Johannes 10,1–2.15.27–29

Ich bin die Tür; wer durch mich hineingeht, wird gerettet werden.

Johannes 10,9

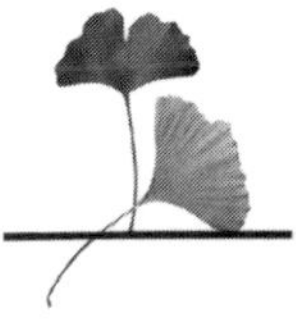

Jesus erwiderte ihr: Ich bin die Auferstehung und das Leben.
Wer an mich glaubt, wird leben, auch wenn er stirbt,
und jeder, der lebt und an mich glaubt, wird auf ewig nicht sterben.

Johannes 11,25-26

Wenn das Weizenkorn nicht in die Erde fällt
und stirbt,
bleibt es allein; wenn es aber stirbt,
bringt es reiche Frucht.

Johannes 12,24

Ich bin das Licht, das in die Welt gekommen ist, damit jeder, der an mich glaubt, nicht in der Finsternis bleibt.

Johannes 12,46

Euer Herz lasse sich nicht verwirren. Glaubt an Gott und glaubt an mich!
Und wohin ich gehe – den Weg dorthin kennt ihr.
Ich bin der Weg und die Wahrheit und das Leben; niemand kommt zum Vater außer durch mich.

Johannes 14,1.4.6

Nur noch kurze Zeit und die Welt sieht mich nicht mehr;
ihr aber seht mich, weil ich lebe und weil auch ihr leben werdet.

Johannes 14,19

Frieden hinterlasse ich euch, meinen Frieden gebe ich euch;
nicht einen Frieden, wie die Welt ihn gibt, gebe ich euch.

Johannes 14,27

So seid auch ihr jetzt bekümmert, aber ich werde euch wiedersehen; dann wird euer Herz sich freuen und niemand nimmt euch eure Freude.

Johannes 16,22

Dies habe ich zu euch gesagt, damit ihr in mir Frieden habt. In der Welt seid ihr in Bedrängnis; aber habt Mut: Ich habe die Welt besiegt.

Johannes 16,33

Wir rühmen uns ebenso unserer Bedrängnis;
denn wir wissen: Bedrängnis bewirkt Geduld,
Geduld aber Bewährung, Bewährung Hoffnung.
Die Hoffnung aber lässt nicht zugrunde gehen;
denn die Liebe Gottes ist ausgegossen in unsere
Herzen durch den Heiligen Geist,
der uns gegeben ist.

Römer 5,3–5

Denn der Lohn der Sünde ist der Tod, die Gabe Gottes aber ist das ewige Leben in Christus Jesus, unserem Herrn.

Römer 6,23

Wir wissen, dass Gott bei denen, die ihn lieben, alles zum Guten führt,
bei denen, die nach seinem ewigen Plan berufen sind.

Römer 8,28

Denn ich bin gewiss: Weder Tod noch Leben, weder Engel noch Mächte, weder Gegenwärtiges noch Zukünftiges, weder Gewalten der Höhe oder Tiefe noch irgendeine andere Kreatur können uns scheiden von der Liebe Gottes, die in Christus Jesus ist, unserem Herrn.

Römer 8,38–39

Keiner von uns lebt sich selber und keiner stirbt sich selber:
Leben wir, so leben wir dem Herrn, sterben wir, so sterben wir dem Herrn.
Ob wir leben oder ob wir sterben, wir gehören dem Herrn.
Denn Christus ist gestorben und lebendig geworden, um Herr zu sein über Tote und Lebende.

Römer 14,7–9

Gott hat den Herrn auferweckt;
er wird durch seine Macht auch uns auferwecken.

1. Korinther 6,14

Die Liebe hört niemals auf.

1. Korinther 13,8

Für jetzt bleiben Glaube, Hoffnung, Liebe,
diese drei;
doch am größten unter ihnen ist die Liebe.

1. Korinther 13,13

Wie der von der Erde irdisch war,
so sind es auch seine Nachfahren.
Und wie der vom Himmel himmlisch ist,
so sind es auch seine Nachfahren.
Wie wir nach dem Bild des Irdischen
gestaltet wurden, so werden wir auch
nach dem Bild des Himmlischen gestaltet werden.

1. Korinther 15,48–49

Verschlungen ist der Tod vom Sieg.
Tod, wo ist dein Sieg?
Tod, wo ist dein Stachel?
Gott aber sei Dank, der uns den Sieg geschenkt hat
durch Jesus Christus, unseren Herrn.

1. Korinther 15,54–55.57

Gepriesen sei der Gott und Vater Jesu Christi, unseres Herrn, der Vater des Erbarmens und der Gott allen Trostes.
Er tröstet uns in all unserer Not, damit auch wir die Kraft haben, alle zu trösten, die in Not sind, durch den Trost, mit dem auch wir von Gott getröstet werden.

2. Korinther 1,3–4

Wir wissen: Wenn unser irdisches Zelt abgebrochen wird, dann haben wir eine Wohnung von Gott, ein nicht von Menschenhand errichtetes, ewiges Haus im Himmel.

2. Korinther 5,1

Meine Gnade genügt dir.

2. Korinther 12,9

Denn das Sichtbare ist vergänglich,
das Unsichtbare ist ewig.

2. Korinther 4,18

Brüder, wir wollen euch über die Verstorbenen nicht in Unkenntnis lassen,
damit ihr nicht trauert wie die anderen, die keine Hoffnung haben.
Wenn Jesus – und das ist unser Glaube – gestorben und auferstanden ist,
dann wird Gott durch Jesus auch die Verstorbenen zusammen mit ihm zur Herrlichkeit führen.

1. Thessalonicher 4,13–14

Gott, der euch beruft, ist treu; er wird es tun.

1. Thessalonicher 5,24

Er hat dem Tod die Macht genommen und uns das Licht des unvergänglichen Lebens gebracht durch das Evangelium.

2. Timotheus 1,10

Gott ist Licht und keine Finsternis ist in ihm.

1. Johannes 1,5

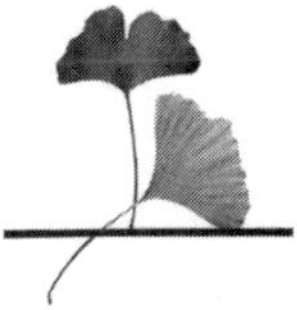

Wir wollen einander lieben;
denn die Liebe ist aus Gott und jeder,
der liebt, stammt von Gott und erkennt Gott.

1. Johannes 4,7

Gott ist die Liebe und wer in der Liebe bleibt, bleibt in Gott und Gott bleibt in ihm.

1. Johannes 4,16b

Darin ist unter uns die Liebe vollendet,
dass wir am Tag des Gerichts Zuversicht haben.
Denn wie er, so sind auch wir in dieser Welt.

1. Johannes 4,17

Denn wir haben hier keine Stadt, die bestehen bleibt, sondern wir suchen die künftige.

Hebräer 13,14

Selig die Toten, die im Herrn sterben, von jetzt an; ja, spricht der Geist, sie sollen ausruhen von ihren Mühen; denn ihre Werke begleiten sie.

Offenbarung 14,13

Dann sah ich einen neuen Himmel und eine neue Erde; denn der erste Himmel und die erste Erde sind vergangen, auch das Meer ist nicht mehr.
Ich sah die heilige Stadt, das neue Jerusalem,
von Gott her aus dem Himmel herabkommen;
sie war bereit wie eine Braut, die sich für ihren Mann geschmückt hat.

Offenbarung 21,1–2

Er wird alle Tränen von ihren Augen abwischen:
Der Tod wird nicht mehr sein, keine Trauer, keine Klage, keine Mühsal.
Denn was früher war, ist vergangen.

Offenbarung 21,4

TROSTWORTE

zur Kondolenz

Über dem Leben steht der Tod,
aber über dem Tode steht wieder das Leben.

Gorch Fock

Wenn du weinen kannst,
so danke Gott.

Johann Wolfgang von Goethe

Wer im Gedächtnis seiner Lieben lebt,
der ist nicht tot – er ist nur fern.
Tot ist nur, wer vergessen wird.

Immanuel Kant

Gott schickt am End uns Leiden,
auf dass uns diese Welt,
wenn wir nun von ihr scheiden,
nicht mehr so mächtig hält.

Justinus Kerner

Irgendwo blüht die Blume des Abschieds
und streut immerfort Blütenstaub,
den wir atmen, herüber;
auch noch im kommenden Winter
atmen wir Abschied.

Rainer Maria Rilke

Herr, öffne unsere Herzen,
damit wir erkennen, dass du das Leben und
die Wahrheit bist.

Du führst mich hinaus ins Weite,
du machst meine Finsternis hell.

Tod,
das ist ein zugeschlagenes Fenster,
durch das ich die Welt betrachtet habe,
oder geschlossene Augenlider
und Schlaf oder ein Wechsel
von einem Fenster zum anderen.

Lew Tolstoi

Wer einen Fluss überquert,
muss die eine Seite verlassen.

Mahatma Gandhi

Tröste dich in deinem Leid,
dass dir Gott beschieden!
Ist doch nur Vergänglichkeit
unser Los hienieden.

Eh das Leben oft beginnt,
ist es schon vergangen;
mitten in dem Leben sind
wir vom Tod umfangen.

Arm und Reich und Alt und Jung,
was sich liebt' und freute,
Hoffnung, Freud, Erinnerung
wird des Todes Beute.

Tröste dich, du liebes Herz!
Groß ist Gottes Güte,
groß und größer als dein Schmerz –
dass dich Gott behüte!

August Heinrich Hoffmann von Fallersleben

Bald werden wir alle sterben
und alles Angedenken
wird dann von der Erde geschwunden sein
und wir selbst werden für eine kleine Weile geliebt
und dann vergessen werden.
Doch die Liebe wird genug gewesen sein;
alle diese Regungen von Liebe kehren zurück
zu der einen,
die sie entstehen ließ.
Nicht einmal eines Erinnerns bedarf die Liebe.
Das ist ein Land der Lebenden
und ein Land der Toten
und die Brücke zwischen ihnen ist die Liebe –
das einzige Bleibende, der einzige Sinn.

Thornton Wilder

Ich kam, ich weiß nicht woher,
Ich bin, ich weiß nicht wer,
Ich leb, ich weiß nicht wie lang,
Ich sterb und weiß nicht wann,
Ich fahr, ich weiß nicht wohin,
Mich wundert's, dass ich fröhlich bin.

Martin von Biberach

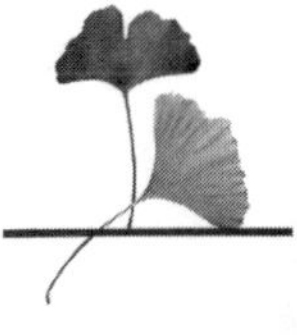

Lass dich durch das Zukünft'ge nicht anfechten!
Du wirst, wenn es nötig ist, schon hinkommen,
getragen von derselben Geisteskraft,
die ich das Gegenwärtige beherrschen lässt.

Mark Aurel

Bleibe bei uns Herr,
denn es will Abend werden
und der Tag hat sich geneiget.
Bleibe bei uns und bei allen Menschen.
Bleibe bei uns am Abend des Tages,
am Abend des Lebens, am Abend der Welt.
Bleibe bei uns mit deiner Gnade und Güte,
mit deinem Wort und Sakrament,
mit deinem Trost und Segen.
Bleibe bei uns, wenn über uns kommt
die Nacht der Trübsal und Angst,
die Nacht des Zweifels und der Anfechtung,
die Nacht des bitteren Todes.
Bleibe bei uns und bei allen deinen Kindern
in Zeit und Ewigkeit.

Georg Christian Dieffenbach

Im Licht mich zu verlieren
gebietet mir das Geistesschauen
und kraftvoll kündet Ahnung mir:
Verliere dich, um dich zu finden.

Rudolf Steiner

Kurzes Glück schwamm mit den Wolkenmassen,
wollt es halten,
musst es schwimmen lassen.

Detlev von Liliencron

Ich war, bevor ich schied,
wie zu Beginn ein Amsellied.

Cecile Lauber

Eines Morgens wachst du nicht mehr auf.
Die Vögel aber singen, wie sie gestern sangen.
Nichts ändert diesen neuen Tageslauf. –
Nur du bist fort gegangen. –
Du bist nun frei und unsere Tränen wünschen dir
Glück.

Johann Wolfgang von Goethe

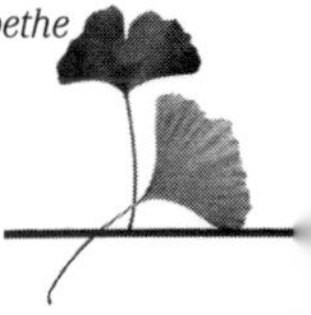

Der Tod ist das Tor zum Licht
am Ende eines mühsam gewordenen Weges.

Franz von Assisi

Von der Stunde, von dem Orte
reißt dich eingepflanzter Drang,
Tod ist Leben, Sterben Pforte,
alles ist nur Übergang.

Johann Wolfgang von Goethe

Der Tod bedeutet Tilgung
jeglichen Schmerzes
und er ist die Grenze,
über die unsere Leiden nicht hinausgelangen;
er gibt uns wieder jenen Zustand
der Ruhe zurück,
dem wir vor unserer Geburt angehörten.

Lucius Annaeus Seneca

Es mag alles gegen uns sprechen,
Gottes Liebe spricht für uns.

Eberhard Jüngel

Man stirbt, wie man lebte;
das Sterben gehört zum Leben, nicht zum Tod.

Ludwig Marcuse

Wenn Gott den Schatten erschaffen hat,
dann deshalb, um das Licht hervorzuheben.

Johannes XXIII.

Ich habe Tote und ich ließ sie hin
und war erstaunt, sie so getrost zu sehen,
so rasch zu Haus im Totsein, so gerecht,
so anders als ihr Ruf.
Nur du, du kehrst zurück, du streifst mich,
du gehst um,
du willst an etwas stoßen,
dass es klingt von dir und dich verrät.

Rainer Maria Rilke

Nie erfahren wir unser Leben stärker
als in großer Liebe und in tiefer Trauer.

Rainer Maria Rilke

Was bleibt:
unsere Liebe, unsere Sehnsucht,
endlose Traurigkeit, unvergessliche Jahre,
kostbare Erinnerungen.

Du bist nicht tot,
du wechselst nur die Räume.
Du lebst in uns und
gehst durch unsere Träume.

Es gibt für uns alle die Zeit des Lebens,
des Lachens und der Freude.
Zum Leben gehört aber auch
die Zeit des Schmerzes,
der Tränen und der Trauer.
Die Liebe besiegt alles.

Vergil

Leben und Tod sind eins.
Leben heißt sterben.
Sterben heißt weiterleben.

Khalil Gibran

Du bist nicht tot,
sondern nur untergegangen
wie die Sonne.
Wir trauern nicht wie über einen,
der gestorben ist,
sondern wie über einen,
der sich vor uns verborgen hat.
Nicht unter den Toten suchen wir dich,
sondern unter den Seligen des Himmels.

Theodoret von Kyros

Ein Sonnenstrahl reicht nicht hin,
um viel Dunkel zu erhellen.

Franz von Assisi

Auferstehung ist unser Glaube,
Wiedersehen unsere Hoffnung,
Gedenken unsere Liebe.

Aurelius Augustinus

Es gibt Menschen,
die wir in der Erde begraben,
aber andere,
die wir besonders zärtlich lieben,
sind in unser Herz gebettet.
Die Erinnerung an sie
mischt sich täglich in unser Tun und Trachten.
Wir denken an sie, wie wir atmen,
sie haben in unserer Seele
eine neue Gestalt angenommen,
nach dem zarten Gesetz
der Seelenwanderung,
das im Reich der Liebe herrscht.

Honoré de Balzac

Der Schmerz ist ein heiliger Engel
und durch ihn sind mehr Menschen größer geworden
als durch alle Freuden der Welt.

Adalbert Stifter

Wenn wir aus dieser Welt durch Sterben uns begeben,
so lassen wir den Ort,
wir lassen nicht das Leben.

Nikolaus Lenau

Nun weiß ich,
wann der letzte Morgen sein wird –
wenn das Licht nicht mehr die Nacht und die Liebe scheucht –,
wenn der Schlummer ewig und nur
ein unerschöpflicher Traum sein wird.

Novalis

Ins Leben schleicht das Leiden
sich heimlich wie ein Dieb,
wir alle müssen scheiden
von allem, was uns lieb.

Joseph von Eichendorff

Kein Wesen kann zu nichts zerfallen!
Das Ew'ge regt sich fort in allen,
am Sein erhalte dich beglückt!
Das Sein ist ewig; denn Gesetze
bewahren die lebend'gen Schätze,
aus welchen sich das All geschmückt.

Johann Wolfgang von Goethe

Der Wechsel allein ist das Beständige.

Arthur Schopenhauer

Und immer, wen wir von dir sprechen,
fallen Sonnenstrahlen in unsere Herzen
und halten dich fest umfangen,
so als wärst du nie gegangen.

Die Zeit heilt nicht alles,
aber sie rückt das Unheilbare
aus dem Mittelpunkt.
Selig sind, die da Heimweh haben,
denn sie werden nach Hause kommen.

Heinrich Jung-Stilling

Es hat wohl niemals eine rechtschaffene Seele gelebt,
welche den Gedanken hätte ertragen können,
dass mit dem Tode alles zu Ende sei,
und deren edle Gesinnung sich nicht
zur Hoffnung und Zukunft erhoben hätte.

Immanuel Kant

Daher wollen wir beständig sowohl an unsere eigene als an die Sterblichkeit aller derer denken, die wir lieben.

Seneca

Lern in der Zeit dein Urbild finden,
geht dem Leben Hand in Hand,
es gilt, den Stoff zu überwinden,
Tod ist des Lebens höchstes Unterpfand.

Richard Dehmel

Ein Wind, gütig fächelnd,
lässt Blätter und Tränen verwehn.
Empfange einst lächelnd,
die weinend dir nachgesehn.

Gewesen, nicht vergessen;
erinnert, doch verziehn.

Was uns Besitztum schien,
hat keins von uns besessen,
war höchstens nur geliehn.

Joachim Ringelnatz

Das kostbarste Vermächtnis eines Menschen
ist die Spur, die seine Liebe in unserem
Herzen zurückgelassen hat.

Wir müssen das Loslassen lernen.
Es ist die große Lektion des Lebens.

Julie Schlosser

Trennung ist unser Los.
Wiedersehen unsere Hoffnung.

Ach nein, das ist kein Sterben,
wenn Christen heimwärts gehen.
Es ist nur ein Verwandeln
vom Glauben in das Sehn.

Hedwig von Redern

Man kann im Leben nicht immer,
wie man will;
wo man sich am stärksten verbunden fühlt,
muss man auseinandergehen,
aber die Erinnerungen bleiben
und man erinnert sich –
dunkel wie in einem Spiegel –
der fernen Freunde.

Vincent van Gogh

Geliebt, wenn mein Geist geschieden,
so weint mir keine Träne nach;
denn wo ich weile, da ist Frieden,
dort leuchtet mir ein ew'ger Tag!

Annette von Droste-Hülshoff

Aus Gottes Hand empfing ich mein Leben,
unter Gottes Hand gestalte ich mein Leben,
in Gottes Hand gebe ich es zurück.

Aurelius Augustinus

Der Schmerz ist ja auch von Gott gesandt und so sehr sich oft das Menschenherz dagegen sträubt, so ist er besonders um ein teueres Verstorbenes nicht selten der liebste Engel, der uns auf dem einsamen Wege, den man nur ohne den Geliebten gehen muss, begleitet, und der unser Herz dem Großen Reinen und Erhabenen zugänglicher macht, als ohne ihn gewesen wäre.

Adalbert Stifter

Hoffnung ist ein fester Stab
und Geduld ein Reisekleid,
da man mit durch Welt und Grab
wandert in die Ewigkeit.

Friedrich von Logau

Gott verlangt nichts vom Menschen,
ohne ihm zugleich die Kraft dafür zu geben.

Edith Stein

Auch das glücklichste Leben
ist nicht ohne ein gewisses Maß an Dunkelheit denkbar;
Und das Wort „Glück“ würde seine Bedeutung verlieren,
hätte es nicht seinen Widerpart in der Traurigkeit.

Carl Gustav Jung

Das Leben ist kurz,
aber doch von unendlichem Wert,
denn es birgt den Keim
der Ewigkeit in sich.

Franz von Sales

Manches können wir nicht verstehen.
Lebt nur fort, es wird schon gehen.

Johann Wolfgang von Goethe

Herr, weil du's willst,
drum ist es gut,
und weil du's willst,
drum hab ich Mut.
Mein Herz in deinen Händen ruht.

Pater Rupert Mayer

Hoffen heißt:
die Möglichkeit des Guten erwarten;
die Möglichkeit des Guten ist das Ewige.

Søren Kierkegaard

Ich habe manchen Tag getrauert,
Dass alles so vergänglich ist
Und dass das Gute selbst nicht dauert
Und dass man sein so bald vergisst.
Es lässt sich schon das Glück nicht binden.
Man hält es fest, so lang es geht.
Doch kann man es auch wiederfinden,
Wenn man das Suchen nur versteht.
Oft muss man erst durch Wolken dringen,
Eh' man des Himmels Blau entdeckt;
So lässt das Gute sich erringen,
Weil sich das Beste nur versteckt.

Heinrich Hoffmann von Fallersleben

Der Mensch erfährt, er sei auch, wer er mag,
ein letztes Glück und einen letzten Tag.

Johann Wolfgang von Goethe

Da man in das Leben sich hat fügen müssen,
wie viel leichter sollte man sich
in den Tod fügen können.

Wilhelm Raabe

Von guten Mächten treu und still umgeben,
behütet und getröstet wunderbar,
so will ich diese Tage mit euch leben
und mit euch gehen in ein neues Jahr.

Noch will das alte unsre Herzen quälen,
und drückt uns böser Tage schwere Last.
Ach Herr, gib unsern aufgeschreckten Seelen
das Heil, für das du uns geschaffen hast.

Und reichst du uns den schweren Kelch, den bittern
des Leids, gefüllt bis an den höchsten Rand,
so nehmen wir ihn dankbar ohne Zittern
aus deiner guten und geliebten Hand.

Doch willst du uns noch einmal Freude schenken
an dieser Welt und ihrer Sonne Glanz,
dann woll'n wir des Vergangenen gedenken
und dann gehört dir unser Leben ganz.

Lass warm und hell die Kerzen heute flammen,
die du in unsre Dunkelheit gebracht,
führ, wenn es sein kann, wieder uns zusammen.
Wir wissen es, dein Licht scheint in der Nacht.

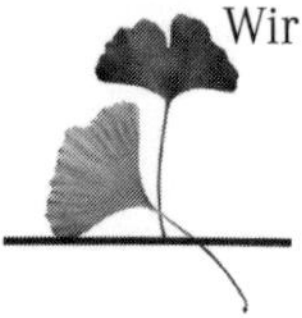

Wenn sich die Stille nun tief um uns breitet,
so lass uns hören jenen vollen Klang
der Welt, die unsichtbar sich um uns weitet,
all deiner Kinder hoher Lobgesang.

Von guten Mächten wunderbar geborgen,
erwarten wir getrost, was kommen mag.
Gott ist bei uns am Abend und am Morgen
und ganz gewiss an jedem neuen Tag.

Dietrich Bonhoeffer

Ach, es ist so dunkel in des Todes Kammer,
tönt so traurig, wenn es sich bewegt,
und nun aufhebt seinen schweren Hammer
und die Stunde schlägt.

Matthias Claudius

Da tat es mir wohl, vor dir zu weinen,
um sie und für sie, um mich und für mich.
Ich ließ den Tränen, die ich zurückgehalten,
freien Lauf.
Mochten sie fließen, so viel sie wollten.
Ich bette mein Herz hinein und fand Ruhe in ihnen.

Aurelius Augustinus

Wer weiß, die da gestorben,
sie hören droben mich
und öffnen leis' die Pforten
und nehmen uns zu sich.

Joseph von Eichendorff

Ihr möchtet wissen um das Geheimnis des Todes.
Doch wie wollt ihr es entdecken, so ihr nicht danach forscht im Herzen des Leben?
So ihr wahrhaft den Geist des Todes erschauen wollet, öffnet weit euer Herz dem Leibe des Lebens.
Denn Leben und Tod sind eins,
so wie Fluss und Meer eins sind.

Khalil Gibran

Der Tod ist ein Bote des Lebens und dass wir jetzt schlafen, das zeugt vom nahen gesunden Erwachen. Sterblichkeit ist Schein, ist wie die Farben, die vor unserem Auge zittern, wenn es lange in die Sonne sieht.

Friedrich Hölderlin

Die Trauer wird in Freude verwandelt werden
und der Tod erschließt uns die Pforte
des besseren Lebens.

Franz von Assisi

Es ist nicht gut, dass ihr euch betrübt, da der Schöpfer mit seinem Geschöpf ohne unseren Willen tun kann und muss, was seiner Güte gefällt. Gottes Wirken an uns und für uns muss unser Trost sein, zumal wir seine Geschöpfe sind.

Hedwig von Schlesien

In ihm sei's begonnen, der Monde und Sonnen
an blauen Gezelten des Himmels bewegt.
Du, Vater, du rate! Lenke du und wende!
Herr, dir in die Hände sei Anfang und Ende,
sei alles gelegt!

Eduard Mörike

Im Tode nimmt Gott unser aller Innerstes, unser auf Ewigkeit angelegtes wahres Selbst, auf zu ewigem Sein.

Søren Kierkegaard

Ich lebte mein Leben in wachsenden Ringen,
die sich über die Dinge ziehn.
Ich werde den letzten vielleicht nicht vollbringen,
aber versuchen will ich ihn.

Rainer Maria Rilke

Du hast unseren Garten verlassen,
aber deine Blumen blühen weiter.

Steht nicht an meinem Grab und weint,
ich bin nicht da,
nein, ich schlafe nicht.

Ich bin eine der tausend wogenden Wellen des Sees,
ich bin das diamantene Glitzern des Schnees,
wenn ihr erwacht in der Stille am Morgen,
dann bin ich für euch verborgen,
ich bin ein Vogel im Flug,
leise wie ein Luftzug,
ich bin das sanfte Licht der Sterne
in der Nacht.

Steht nicht an meinem Grab und weint,
ich bin nicht da,
nein, ich schlafe nicht.

Gedicht der Lakota-Indianer

Wir Menschen sind Engel
mit nur einem Flügel,
um fliegen zu können,
müssen wir uns umarmen.

Luciano de Crescenzo

Gib acht auf die Gassen.
Blick zu den Sternen.

Wilhelm Raabe

Ich bin ein Gast auf Erden
und hab hier keinen Stand.
Der Himmel soll mir werden,
da ist mein Vaterland.
So will ich zwar nun treiben
mein Leben durch die Welt,
doch denk ich nicht zu bleiben
in diesem fremden Zelt.
Ich wandre meine Straße,
die zu der Heimat führt,
da mich ohn' alle Maße
mein Vater trösten wird.

Paul Gerhardt

Wir müssen das Kreuz tragen,
ehe es uns trägt.

Paul Claudel

Jesus lebt,
mit ihm auch ich!
Tod, wo sind nun deine Schrecken?
Er, er lebt und wird auch mich
von den Toten auferwecken.
Er verklärt mich in sein Licht;
dies ist meine Zuversicht.

Christian Fürchtegott Gellert

Es gibt immer wieder einen Morgen.

Arnold Böcklin

So bete ich das MISERERE,
spreche das AMEN
und hoffe auf das ALLELUJA.

Hugo Aufderbeck

Aller Tod in der Natur ist Geburt,
gerade im Sterben erscheint sichtbar
die Erhöhung des Lebens.

Johann Gottlieb Fichte

Alles, was uns geschieht und uns zustößt,
hat einen Sinn,
doch es ist schwierig, ihn zu erkennen.
Auch im Buch des Lebens
hat jedes Blatt zwei Seiten.
Die eine, obere, schreiben wir Menschen
mit unserem Planen, Wünschen und Hoffen,
aber die andere füllt die Vorsehung,
und was sie anordnet,
ist selten unser Ziel gewesen.

Iljas Ben Jussuf Nisami

In dem Leben wohnet Sterben;
in dem Sterben wohnet Leben!
Lasse dir das Sterben lieben du,
dem Leben nur ist eben!

Friedrich von Logau

Gott wird diejenigen nicht vergessen,
die sich selbst vergaßen,
um an andere zu denken.

Aurelius Augustinus

Die Welt mit ihrem Gram und Glücke
will ich, ein Pilger, froh und bereit
betreten nur als eine Brücke
zu dir, Herr, übern Strom der Zeit.

Joseph von Eichendorff

Wenn einer fünfundsiebzig Jahre alt ist, fuhr er darauf mit großer Heiterkeit fort, kann es nicht fehlen, dass er mitunter an den Tod denke. Mich lässt dieser Gedanke an den Tod in völliger Ruhe, denn ich habe die feste Überzeugung, dass unser Geist ein Wesen ist ganz unzerstörbarer Natur; es ist ein fortwirkendes von Ewigkeit zu Ewigkeit. Es ist der Sonne ähnlich, die bloß unsern irdischen Augen unterzugehen scheint, die aber eigentlich nie untergeht, sondern unaufhörlich fortleuchtet.

Johann Wolfgang von Goethe

Traurig sein ist etwas Natürliches.
Vielleicht ein Atemholen zur Freude.

Paula Modersohn-Becker

Menschen begleiten uns eine Weile,
einige bleiben für immer,
denn sie hinterlassen Spuren
in unseren Herzen.

Denn wir sind nur die Schale und das Blatt:
Der große Tod, den jeder in sich hat,
das ist die Furcht, um die sich alles dreht.

Rainer Maria Rilke

Herz Jesu,
du warst sein Trost im Leiden,
seine Hoffnung im Sterben,
erbarme dich jetzt seiner.

Das Licht helfe dir,
Kurs zu halten auf deiner Reise.
Der Wind stärke dir den Rücken.
Der Sonnenschein wärme dein Gesicht
und der Regen falle sanft auf deine Haare.
Bis wir uns wiedersehen,
halte Gott dich geborgen in seiner schützenden Hand.

Irischer Segen

Es gibt nichts auf Erden,
kein Unglück, keine Sorge, kein Elend,
das größer ist als der Trost,
der von Christus kommt.

Albert Schweitzer

Die Liebe ist stärker als der Tod
und die Schrecken des Todes.

Seele, vergiss sie nicht,
Seele, vergiss nicht die Toten!

Sieh, sie umschweben dich,
schauernd, verlassen,
und in den heiligen Gluten,
die den Armen die Liebe schürt,
atmen sie auf und erwarmen,
und genießen zum letzten Mal
ihr verglimmendes Leben.

Seele, vergiss sie nicht,
Seele, vergiss nicht die Toten!

Sieh, sie umschweben dich,
schauernd, verlassen,
und wenn du dich erkaltend
ihnen verschließest, erstarren sie
bis hinein in das Tiefste.
Dann ergreift sie der Sturm der Nacht,
dem sie, zusammengekrampft in sich,
trotzten im Schoße der Liebe,
und er jagt sie mit Ungestüm
durch die unendliche Wüste hin,
wo nicht Leben mehr ist,

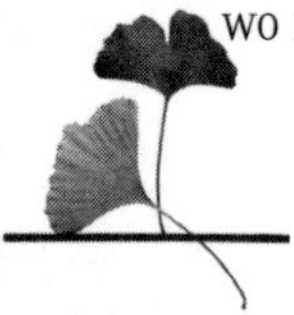

nur Kampf losgelassener Kräfte
um erneuertes Sein!

Seele, vergiss sie nicht,
Seele, vergiss nicht die Toten!

Friedrich Hebbel

Indes wir hienieden um ihn trauern,
ist darüber Freude,
dass der Mensch
zu ihrer Welt geboren wurde,
so wie wir Erdenbürger die Unsrigen
mit Freude empfangen.
Wenn ich einst ihnen folgen werde,
wird für mich nur Freude sein,
denn die Trauer bleibt in der Sphäre zurück,
die ich verlasse.

Johann Gottlieb Fichte

Die alles müd',
möchte ich gegangen sein –
ließ ich nicht – sterbend – mein Lieb allein.

William Shakespeare

Unter den Sterblichen wechselweis
kreist das Leben
und sie geben wie Läufer die Fackel weiter.

Lukrez

Es verliert die schwerste Bürde
die Hälfte ihres Druckes,
wenn man von ihr reden kann.

Jeremias Gotthelf

Ist nicht das Gedächtnis unabtrennbar von der Liebe,
die bewahren will, was doch vergeht ?

Theodor W. Adorno

Du fragst das Leben und Antwort gibt der Tod.
Du fragst den Tod und die Antwort gibt das Leben.

Ludwig Strauss

Nur durch die Liebe und den Tod berührt der Mensch das Unendliche.

Alexandre Dumas

Wir gehen nie allein,
Gott geht alle Wege mit.

Alfred Delp

Erst der Tod und die letzten Minuten, Stunden und Jahre geben dem Leben Sinn.

Lew Tolstoi

Wohl dem, der seiner Väter gern gedenkt,
der froh von ihren Taten, ihrer Größe
den Hörer unterhält und still sich freuend
ans Ende dieser schönen Reihe sich geschlossen sieht.

Johann Wolfgang von Goethe

Hoch auf strebte mein Geist,
aber die Liebe zog schön ihn nieder;
das Leid beugt ihn gewaltiger;
so durchlauf ich des Lebens Bogen
und kehre, woher ich kam.

Friedrich Hölderlin

Herr, ich habe getan,
was ich konnte,
was noch fehlt,
möge deine Gnade hinzufügen.

Franz von Assisi

Was wir ausstrahlen in die Welt,
die Wellen, die von unserem Sein ausgehen,
das ist es, was von uns bleiben wird,
wenn unser Sein längst dahingegangen ist.

Viktor E. Frankl

Wer tröstet uns? Das Hoffen!
Wie gut ist's, Christi sein!
Man sieht den Himmel offen
und nicht das Grab allein.

Philipp Friedrich Hiller

Die Bande der Liebe werden mit dem Tod nicht durchschnitten.

Thomas Mann

Leere und Totenstille in und außer mir.

Johann Wolfgang von Goethe

Wer stirbt, erwacht zum ewigen Leben.

Franz von Assisi

Der Mensch soll um der Güte und Liebe willen dem Tode keine Herrschaft einräumen über seine Gedanken.

Thomas Mann

Den Augen fern,
dem Himmel immer nahe.

Immanuel Kant

Die Linien des Lebens sind verschieden,
wie Wege sind und wie der Berge Grenzen.
Was hier wir sind, kann dort kein Gott ergänzen
mit Harmonien und ewigem Lohn und Frieden.

Friedrich Hölderlin

Wir hoffen immer;
und in allen Dingen ist es besser
zu hoffen, als zu verzweifeln.
Wenn wir wieder zu echtem Gottvertrauen
zurückkehren,
dann wird für Furcht kein Raum mehr
in unserer Seele sein.

Johann Wolfgang von Goethe

Herr, es ist Zeit. Der Sommer war sehr groß.
Leg deinen Schatten auf die Sonnenuhren
und auf den Fluren lass die Winde los.

Befiehl den letzten Früchten, voll zu sein;
gib ihnen noch zwei südlichere Tage,
dränge sie zur Vollendung hin und jage
die letzte Süße in den schweren Wein.

Wer jetzt kein Haus hat, baut sich keines mehr.
Wer jetzt allein ist, wird es lange bleiben,
wird wachsen, lesen, lange Briefe schreiben
und wird in den Alleen hin und her
unruhig wandern, wenn die Blätter treiben.

Rainer Maria Rilke

In diesen schweren Stunden
besteht unser Trost nur darin,
liebevoll zu schweigen und
schweigend mitzuleiden.

Das Letzte ist nicht Tod,
sondern Auferstehung,
und am Ende steht nicht Verlust,
sondern Vollendung des Lebens.

Ich glaube, dass, wenn der Tod unsere Augen schließt,
wir in einem Lichte steh'n, von welchem unser Sonnenlicht nur der Schatten ist.

Arthur Schopenhauer

Man lebt zweimal:
Das erste Mal in der Wirklichkeit,
das zweite Mal in der Erinnerung.

Honore de Balzac

Das Leben zerbricht,
aber eben dadurch geht die Tür auf
und Er steht auf der anderen Seite.

Romano Guardini

Ich nehme es,
wie Gott es fügt.

Edith Stein

Geliebt wirst du einzig,
wo du schwach dich zeigen darfst,
ohne Stärke zu provozieren.

Theodor W. Adorno

Die Glocken klingen,
klingen viel anders denn sonst,
wenn einer einen Toten weiß,
den er lieb hat.

Martin Luther

Mein sind die Jahre nicht,
Die mir die Zeit genommen,

Mein sind die Jahre nicht,
Die etwa möchten kommen,

Der Augenblick ist mein,
Und nehm' ich den in acht,

So ist der mein,
Der Jahr und Ewigkeit gemacht.

Andreas Gryphius

Der Tod ist groß.
Wir sind die Seinen
lachenden Munds.
Wenn wir uns mitten im Leben meinen,
wagt er zu weinen
mitten in uns.

Rainer Maria Rilke

Wir nähern uns nach dem Tod
auf eine höhere Weise jenem Zustand wieder,
in welchem wir
im Schoß der Mutter gewesen.

Gotthilf Heinrich Schubert

Herr, dein Wille geschehe.

Ausgesät nur, ausgesät
wurden alle die, die starben;
Wind und Regenzeit vergeht
und es kommt ein Tag der Garben.

Matthias Claudius

Der Tod ist Übergang zu neuer, noch nicht gekannter, völlig neuer, anderer, größerer Freude.

Lew Tolstoi

Es kann nicht immer sein,
dass Gott alle Angst von uns nimmt,
aber das kann immer möglich werden,
dass wir in Angst getröstet werden.

Christoph Blumhardt

So ist es auf Erden:
Jede Seele wird geprüft
und wird auch getröstet.

Fjodor Dostojewski

Von dir kommt alles,
in dir lebt alles,
in dich kehrt alles zurück.

Marc Aurel

Die Hoffnung ist der Regenbogen
über den herabstürzenden Bach des Lebens.

Friedrich Nietzsche

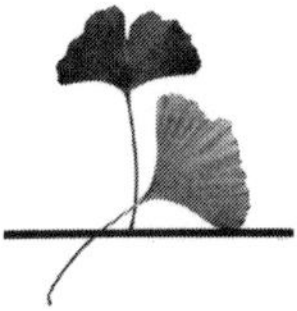

Das Schönste, was ein Mensch hinterlassen kann,
ist ein Lächeln im Gesicht derjenigen,
die an ihn denken.

Es kann ja nicht immer so bleiben
hier unter dem wechselnden Mond,
es blüht eine Zeit und verwelket,
was mit uns die Erde bewohnt.

August von Kotzebue

Siehe, Herr, hier bin ich,
denn du hast mich gerufen.

Wie groß ein Baum war, lässt sich erst messen,
wenn er gefällt ist.

Indianisches Sprichwort

Den Tod fürchten die am wenigsten,
deren Leben den meisten Wert hat.

Immanuel Kant

Herr,
lege deine Hände auf seine Schultern.
Sprich ihm mit deiner Stimme ins Ohr.
Senke ihm deine Liebe ins Herz.
Hilf ihm zu erfüllen,
was du mit seinem Leben vorhattest.

Wechselnde Pfade,
Schatten und Licht,
alles ist Gnade,
fürchte dich nicht.

Baltischer Hausspruch

Alles vergehet.
Gott aber stehet
ohn' alles Wanken.

Paul Gerhardt

Das Wesen des Lebens liegt in der Bewegung,
die es weiterpflanzt.

Henri-Louis Bergson

Sie ist wiedergefunden.
Was?
Die Ewigkeit.
Es ist das Meer
Verbunden mit der Sonne in eins.

Arthur Rimbaud

Er sprach zu mir: Halt dich an mich,
es soll dir jetzt gelingen;
ich geb' mich selber ganz für dich,
da will ich für dich ringen;
denn ich bin dein und du bist mein,
und wo ich bleibe, da sollst du sein;
uns soll der Feind nicht scheiden.

Martin Luther

Alle Toten sind unsere älteren Brüder.

Julien Green

Ein glückseliges Leben ist der Genuss der Gegenwart;
das ewige Leben ist die Hoffnung der Zukunft.

Ambrosius

Ich hoffe auf das Licht, das nach der Dunkelheit kommen wird.

Miguel de Cervantes

Der ist der glücklichste Mensch, der das Ende seines Lebens mit dem Anfang in Verbindung setzen kann.

Johann Wolfgang von Goethe

Tröste dich, die Stunden eilen,
und was all dich drücken mag,
auch das Schlimmste kann nicht weilen,
und es kommt ein andrer Tag.

Theodor Fontane

... und alles Getrennte findet sich wieder.

Friedrich Hölderlin

Nur durch das Leid hindurch,
nicht neben dem Leid vorbei,
führt der Weg zu Gott.

Die Welt ist meine See.
Der Schiffsraum Gottes Geist.
Das Schiff mein Leib,
die Seel' ist's, die nach Hause reist.

Angelus Silesius

Nur der verwandte Schmerz entlockt uns die Träne und jeder weint eigentlich für sich selbst.

Heinrich Heine

Oft sind Erinnerungen ganz vortreffliche Balancierstäbe, mit welchen man sich über die Gegenwart hinwegsetzen kann.

Theodor Mundt

Unser Glaube an Gott bestimmt,
wie wir mit unserem zerbrochenen Träumen fertig werden.
Er gibt uns die Überzeugung,
dass jenseits des zeitlichen Lebens das ewige Leben herrscht.

Martin Luther King

Sieh, wie alles so still ist
drüben in der Unendlichkeit,
wie leise ziehen die Welten,
wie still schimmern die Sonnen.
Der große Ewige ruht wie eine Quelle
mit seiner überfließenden, unendlichen Liebe
mitten unter ihnen und erquicket und beruhigt alles.

Jean Paul

Dreifach ist der Schritt der Zeit:
Zögernd kommt die Zukunft hergezogen,
pfeilschnell ist das Jetzt verflogen,
ewig still ist die Vergangenheit.

Friedrich von Schiller

Wende dein Gesicht zur Sonne
und die Schatten fallen hinter dich.

Äthiopisches Sprichwort

Begrenzt ist das Leben,
doch unendlich ist die Erinnerung.

Schöne Tage, nicht weinen, wenn sie vergangen,
sondern lachen, dass sie gewesen.

Rabindranath Tagore

Ihr, die ihr mich so geliebt habt,
seht nicht auf das Leben, das ich beendet habe,
sondern auf das, welches ich beginne.

Augustinus von Hippo

Gott ist dann am allernächsten,
wenn er am weitesten entfernt scheint.

Martin Luther

Nichts stirbt,
was in unserer Erinnerung ist.

Wir brauchen den Tod nicht fürchten,
denn er ist nur ein Heimgehen zu Gott.

Mutter Teresa

Das schönste Glück
des denkenden Menschen ist,
das Erforschliche erforscht zu haben
und das Unerforschliche ruhig zu verehren.

Johann Wolfgang von Goethe

Alles prüfe der Mensch,
sagen die Himmlischen,
dass er, kräftig genährt, danken für alles lern',
und verstehe die Freiheit
aufzubrechen, wohin er will.

Friedrich Hölderlin

Wenn ich in Gott vergeh,
so komme ich wieder hin,
wo ich vor Ewigkeit
vor mir gewesen bin.

Angelus Silesius

Der Tod, das ist die kühle Nacht,
das Leben ist der schwüle Tag.
Es dunkelt schon, mich schläfert,
der Tag hat mich müd gemacht
Über mein Bett erhebt sich ein Baum,
drin singt die junge Nachtigall;
sie singt von lauter Liebe,
ich hör es sogar im Traum.

Heinrich Heine

Die Liebe siegt über den Tod.
Und ihre Kraft ist Leben.

Friedrich Klopstock

Denn vor und nach dem irdischen Leben gibt es kein irdisches, aber doch ein Leben.

Jean Paul

Sucht das Leben wohl den Tod?
Oder sucht der Tod das Leben?
Können Morgenröte und das Abendrot
sich auf halbem Weg die Hände geben?

Die stille Nacht tritt mitten ein,
die sich der Liebenden erbarme!
Sie winkt, es flüstert: „Amen!“ – Mein und dein!
Da fallen sie sich zitternd in die Arme.

Eduard Mörike

Es ist besser, etwas gehabt
und wieder verloren zu haben,
als nie gehabt zu haben.

Walisisches Sprichwort

Wenn ihr mich sucht,
dann sucht in eurem Herzen.
Wenn ihr mich dort findet,
dann lebe ich in euch weiter.

Milead A. Yousef Shalin

Wie schön muss es erst im Himmel sein,
wenn er von außen schon so schön aussieht!

Astrid Lindgren

Ein Tag, der sagt dem andern,
mein Leben sei ein Wandern
zur großen Ewigkeit.
O Ewigkeit, so schöne,
mein Herz an dich gewöhne,
mein Heim ist nicht in dieser Zeit.

Gerhard Tersteegen

Wie das Übermaß an Freude
oft in Traurigkeit endigt,
so folgen hingegen neue Freuden
auf das entstandene Leid.

Giovanni Boccaccio

Der Tod ist ’n eigener Mann.
Er streift den Dingen dieser Welt
ihre Regenbogenhaut ab
und schließt das Auge zu Tränen
und das Herz zur Nüchternheit auf.

Matthias Claudius

Und so ist’s mein gewisser Glaube,
dass am Ende alles gut ist
und alle Trauer nur der Weg
zu wahrer heiliger Freude ist.

Friedrich Hölderlin

So ergeben,
wie ich es nur vermag,
will ich ihm danken,
der aus des Sterbens Welt
mich ließ entschweben.

Dante Alighieri

Alles verändert sich,
aber dahinter ruht ein Ewiges.

Johann Wolfgang von Goethe

Schmerz und Freude liegen in einer Schale;
ihre Mischung ist des Menschen Los.

Johann Gottfried Seume

Anfangs wollt ich fast verzagen
und ich glaubt, ich trüg es nie,
und ich hab es doch getragen,
aber frag mich nur nicht, wie.

Heinrich Heine

Es gibt einen Gedanken,
der unsere ganze Lebensführung
und Betrachtung ändern würde:
die Gewissheit unserer Unzerstörbarkeit
durch den Tod.

Christian Morgenstern

Mein Herr und mein Gott,
nimm alles von mir, was mich
hindert zu dir.
Mein Herr und mein Gott, gib alles mir,
was mich führt zu dir.
Mein Herr und mein Gott, nimm mich mir
und gib mich ganz zu eigen dir.

Bruder Klaus

Lerne zu vergessen,
was nutzlos ist,
und erinnere dich mit Liebe
an alles Schöne.

Francesco Petrarca

Begrabe deine Toten
tief in dein Herz hinein,
so werden sie in deinem Leben
lebendige Tote sein.

Klosterkirche Seeon/Chiemgau

Tröste dich, die Stunden eilen
und was all dich drücken mag,
auch das Schlimmste kann nicht weilen
und es kommt ein anderer Tag.

In dem ewigen Kommen und Schwinden
wie der Schmerz, liegt auch das Glück.
Und auch heitere Bilder finden
ihren Weg zu dir zurück.

Harre, hoffe. Nicht vergebens
zählest du der Stunden Schlag.
Wechsel ist das Los des Lebens
und es kommt ein anderer Tag.

Theodor Fontane

Es gibt im Leben für alles eine Zeit;
eine Zeit der Freude, der Stille, der Trauer
und eine Zeit dankbarer Erinnerung.

Ein Herz erlischt – und sacht
die Nebel fluten und steigen –
Schweigen! Schweigen!

Georg Trakl

Der Tod ordnet die Welt neu,
scheinbar hat sich nichts verändert,
und doch ist die Welt für uns
ganz anders geworden.

Der dich schuf, wird dich tragen,
auch über den Abgrund weg.

Johanna von Bismarck

Trennung kann man den Tod wohl nennen,
denn er weiß, wohin wir gehen.
Tod ist nur ein kurzes Trennen
auf ein ew'ges Wiedersehen.

Joseph von Eichendorff

Groß bist du Herr, und hoch zu preisen,
Und groß ist deine Macht und
deine Wahrheit unermesslich.
Und preisen will dich der Mensch,
ein kümmerlicher Abriss deiner Schöpfung,
ja Mensch, der herzumschleppt sein Sterbewesen,
herumschleppt das Zeugnis seiner Sünde
und das Zeugnis,
dass den Hoffärtigen widersteht.
Und dennoch preisen will dich der Mensch,
ein kümmerlicher Abriss deiner Schöpfung.
Du selber reizest an,
dass dich zu preisen Freude ist;
denn geschaffen hast du uns zu dir
und ruhelos ist unser Herz,
bis dass es seine Ruhe hat in dir.

Aurelius Augustinus

Denn wer seine Zuversicht auf Gott setzt,
den verlässt er nicht.

Georg Neumark

Es ist schwerer, eine Träne zu trösten,
als tausend zu vergießen.

Füllest wieder Busch und Tal
still mit Nebelglanz,
lösest endlich auch einmal
meine Seele ganz.

Johann Wolfgang von Goethe

Man kann den Tod
eines geliebten Menschen
tief und innig beklagen
und doch in Hoffnung weiterleben.

Theodor Fontane

Nebel, stiller Nebel über Meer und Land.
Totenstill die Watten, totenstill der Strand.
Trauer, leise Trauer deckt die Erde zu.
Seele, liebe Seele, schweig und träum auch du.

Christian Morgenstern

Mit den vielen andern, Groß und Kleinen,
klag' ich schmerzlich deinen Tod;
will bei deinem Sarge satt mich weinen
und die Augen rot.

Nicht: dass du dich nicht, nach Herzensgnüge,
an die holde Mutter schmiegst,
und dass du, statt freundlich in der Wiege,
tot im Sarge liegst. –

Hier ist Vorplatz nur, spät und frühe
gehen wir alle weiter ein,
und es lohnt sich wahrlich nicht der Mühe,
lange hier zu sein,

wo im Dunkeln wir uns freun und weinen,
und rund um uns her, rund umher,
alles, alles mag es noch so scheinen,
eitel ist und leer.

O du Land des Wesens und der Wahrheit,
unvergänglich für und für!
Mich verlangt nach dir und deiner Klarheit.
Mich verlangt nach dir.

Matthias Claudius

Wir kommen und gehen: Jeder Augenblick bringt Tausende her und nimmt Tausende weg von der Erde; sie ist eine Herberge für Wanderer.

Johann Gottfried Herder

Ein wesentlicher Mensch
ist wie die Seligkeit,
die unverändert bleibt
von aller Außerheit.

Angelus Silesius

Kein Tod ist in der Schöpfung, sondern Verwandlung; Verwandlung nach dem weisesten besten Gesetz der Notwendigkeit, nach welchem jene Kraft im Reiche der Veränderungen sich immer wirkend erhalten will und also durch Anziehen und Abstoßen, durch Freundschaft und Feindschaft ihr organisches Gewand unaufhörlich ändert.

Johann Gottfried Herder

Alles geht vorüber, alles geht vorbei, ob es schön und herzlich oder schmerzlich sei. Eins bleibt nur bestehen und bleibt ewig jung als Geschenk des Lebens: „die Erinnerung“.

Kein Trostwort ist so stark, den großen Schmerz zu mindern, Gott und die Zeit allein vermögen, ihn zu lindern.

Sterben ist das Auslöschen der Lampe im Morgenlicht, nicht das Auslöschen der Sonne.

Rabindranath Tagore

Es erschreckt uns unser Retter, der Tod. Sanft kommt er leis’ im Gewölke des Schlafs, aber er bleibt fürchterlich uns, und wir sehen nur nieder ins Grab, ob er gleich uns zur Vollendung führt aus Hüllen der Nacht hinüber in der Erkenntnisse Land.

Friedrich Gottlieb Klopstock

Der Anfang, das Ende, o Herr, sie sind dein,
die Spanne dazwischen, das Leben, war mein.
Und irrt' ich im Dunkeln und fand mich nicht aus
–
Bei dir, Herr, ist Klarheit, und licht ist dein Haus.

Fritz Reuter

Nirgends bist du so allein mit Gott wie tief im Schmerz.

Margarete Seemann

Wer sich auf dem Meer befindet,
braucht nichts zu fürchten,
wenn der ihm zur Seite steht,
der den Winden zu gebieten vermag.

Brigitta von Schweden

Wir bleiben nicht ewig unter den Sternen,
und unser Erdenleben
ist nur eine ganz kleine Strecke
auf der Bahn unserer Existenz.

Matthias Claudius

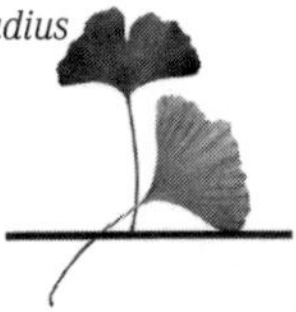

Leuchtende Tage.
Nicht weinen, dass sie vorüber.
Lächeln, dass sie gewesen!“

Konfuzius

Die Frage bleibt.
Halte dich still, halte dich stumm,
nur nicht forschen, warum, warum?
Nur nicht bitt’re Fragen tauschen,
Antwort ist doch nur wie Meeresrauschen.
Wie’s dich auch aufzuhorchen treibt,
das Dunkel, das Rätsel, die Frage bleibt.

Theodor Fontane

Nah ist und schwer zu fassen der Gott.
Wo aber Gefahr ist, wächst das Rettende auch.

Friedrich Hölderlin

In den Herzen weiterleben, heißt unsterblich sein.

Samuel Smiles

Wir sind nur Staub und Schatten.

Horaz

Nicht das Zeitliche, sondern das Ewige bestimmt die Würde des Menschen.

Jean Paul

Wenn etwas uns fortgenommen wird, womit wir tief und wunderbar zusammenhängen, so ist viel von uns selber mit fortgenommen. Gott aber will, dass wir uns wiederfinden, reicher um alles Verlorene und vermehrt um jenen unendlichen Schmerz.

Rainer Maria Rilke

Bei jedem Abschied stirbt ein Stück Gegenwart in uns und wird Vergangenheit. Doch unsere Seele weiß, wie man das Glück bewahrt in der Erinnerung und so ihm eine Zukunft gibt, die ohne Ende ist.

Gott nötig zu haben,
ist des Menschen höchste Vollkommenheit.

Aurelius Augustinus

Und die Liebe ist unsterblich
und der Tod nur ein Horizont
und ein Horizont ist nur
die Grenze unseres Blickes.

Nicht da, wo der Himmel ist, ist Gott,
sondern da, wo Gott ist, ist der Himmel.

Gerhard Ebeling

Jeder Mensch ist ein besonderer Gedanke Gottes.

Paul de Lagarde

Einzig Gott, unser Herr,
kann der Seele Trost geben.

Ignatius von Loyola

Und solang du das nicht hast, dieses:
stirb und werde!,
bist du nur ein trüber Gast auf der dunklen Erde.

Johann Wolfgang von Goethe

Und darum,
weil ich frei im höchsten Sinne,
weil ich anfangslos mich fühle,
darum weiß ich,
dass ich endlos,
dass ich unzerstörbar bin.

Friedrich Hölderlin

Befiehl du deine Wege
und was dein Herze kränkt
der allertreusten Pflege
des, der den Himmel lenkt.
Der Wolken, Luft und Winden
gibt Wege, Lauf und Bahn,
der wird auch Wege finden,
da dein Fuß gehen kann.

Paul Gerhardt

Unsere lieben Toten sind nicht gestorben,
sie haben nur aufgehört, sterblich zu sein.

Ottokar Kernstock

Jeder Tag ist der Anfang des Lebens.
Jedes Leben der Anfang der Ewigkeit.

Rainer Maria Rilke

Ein Traum, ein Traum ist unser Leben
auf Erden hier.
Wie Schatten auf den Wogen
schweben und schwinden wir.
Und messen unsre trägen Tritte
nach Raum und Zeit;
Und sind - und wissen's nicht -
in Mitte der Ewigkeit.

Johann Gottfried Herder

Eine glückliche Erinnerung ist vielleicht auf Erden wahrer als das Glück.

Alfred de Musset

Als Gott sah, dass der Weg zu lang,
der Hügel zu steil
und das Atmen zu schwer wurde,
legte er den Arm um sie und sprach:
Komm heim.

Für jene, die in Gott verbunden sind,
gibt es keinen Abschied.

Pius XII.

Still sind die Gräber,
aber die Seelen sind in deiner Hand.
Man spürt die Blicke der Liebe aus der anderen Welt.
Herr, leuchtende Sonne, erwärme und erhelle die
Wohnungen der Verstorbenen.
Herr, möge verschwinden die bittre Zeit
der Trennung.
Gib uns ein frohes Wiedersehen im Himmel.
Herr, mache , dass wir alle mit dir eins werden.
Herr, gib den Entschlafenen die kindliche Reinheit,
die jungfräuliche Seligkeit,
und möge ihr ewiges Leben ein Osterfest sein.

Gebet aus Russland

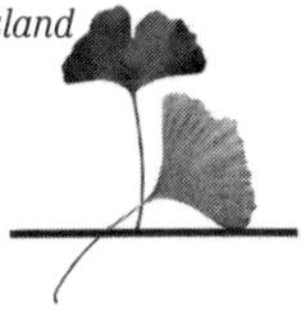

Vor uns ist das Licht.
Alle Dunkelheit
wird eines Tages hinter uns sein.

Die Zeit hat Anfang und Ende.
Auch das Leben hat seine Zeit:
Zeiten der Liebe, der Freude,
des Schmerzes, der Angst.
Uns bleibt noch die Zeit
der Erinnerung.

Etwas wünschen und verlangen,
etwas hoffen muss das Herz.
Etwas zu verlieren bangen
und um etwas fühlen Schmerz.

Friedrich Rückert

Nichts Ewiges kann das Glück uns geben,
denn flüchtiger Traum ist Menschenleben,
und selbst die Träume sind ein Traum.

Pedro Calderón de la Barca

Wenn ich einmal soll scheiden,
so scheide nicht von mir,
wenn ich den Tod soll leiden,
so tritt du dann herfür;
wenn mir am allerbängsten wird
um das Herze sein,
so reiß mich aus den Ängsten
kraft deiner Angst und Pein.

Paul Gerhardt

... und am Ende meiner Reise
hält der Ewige die Hände
und er winkt und lächelt leise –
und die Reise ist zu Ende.

Matthias Claudius

Wenn wir aus dieser Welt
durch Sterben uns begeben,
so lassen wir den Ort,
wir lassen nicht das Leben.

Friedrich von Logau

Wahre Liebe ist
zu weinen mit den Weinenden,
zu lachen mit den Lachenden,
zu trauern mit den Trauernden,
sich zu freuen mit den Fröhlichen
und zu leben mit den Lebendigen.

José Ortega y Gasset

Des Menschen Seele gleicht dem Wasser.
Vom Himmel kommt es.
Zum Himmel steigt es.
Und wieder zur Erde muss es.
Ewig wechselnd.

Johann Wolfgang von Goethe

Ich strahle als Stern in dunkler Nacht. Und wenn ihr im Morgenlicht erwacht, bin ich der Vogel, der himmelwärts fliegt, aus dem Schwarm, der ruhig seine Kreise zieht. Steht nicht am Grab und trauert. Ich bin dort – weil die Ewigkeit dauert.

Grabrede der Navajo-Inianer

Immer enger, leise, leise
ziehen sich die Lebenskreise,
schwindet hin, was strahlt und prunkt,
schwindet Hoffen, Hassen, Lieben
und ist nichts in Sicht geblieben
als der letzte dunkle Punkt.

Theodor Fontane

Lass vergehen, was vergeht!
Es vergeht, um wiederzukehren,
es altert, um sich zu verjüngen,
es trennt sich,
um sich inniger zu vereinen,
es stirbt, um lebendiger zu werden.

Friedrich Hölderlin

Es heißt nicht sterben,
lebt man in den Herzen der Menschen fort,
die man verlassen muss.

Samuel Smiles

Wir wollen nicht trauern,
dass wir sie verloren haben,
sondern dankbar sein dafür,
dass wir sie gehabt haben,
ja auch jetzt noch besitzen.
Denn wer heimkommt zum Herrn,
bleibt in der Gemeinschaft der Gottesfamilie
und ist nur vorausgegangen.

Hieronymus

Verstehen kann man das Leben nur rückwärts,
leben muss man es vorwärts.

Søren Kierkegaard

Die Erinnerung ist das einzige Paradies,
aus welchem wir nicht
vertrieben werden können.
Sogar die ersten Eltern
waren nicht darauszubringen.

Jean Paul

Was ist sterben?
Ein Schiff segelt hinaus und ich beobachte, wie es am Horizont verschwindet. Jemand an meiner Seite sagt: „Es ist verschwunden." Verschwunden wohin?
Verschwunden aus meinem Blickfeld – das ist alles.
Das Schiff ist nach wie vor so groß, wie es war, als ich es gesehen habe.
Dass es immer kleiner wird und es dann völlig aus meinen Augen verschwindet, ist in mir, es hat mit dem Schiff nichts zu tun. Und gerade in dem Moment, wenn jemand neben mir sagt, es ist verschwunden, gibt es andere, die es kommen sehen, und andere Stimmen, die freudig aufschreien: „Da kommt es!" Das ist Sterben.

Charles Henry Brent

Trauer kann man nicht sehen, nicht hören,
kann sie nur fühlen.
Sie ist ein Nebel, ohne Umrisse.
Man möchte diesen Nebel packen und fortschieben, aber die Hand fasst ins Leere.

Erinnerung ist eine Form der Begegnung.

Khalil Gibran

Du bist ein Schatten am Tage
und in der Nacht ein Licht;
du lebst in meiner Klage
und stirbst im Herzen nicht.

Wo ich mein Zelt aufschlage,
da wohnst du bei mir dicht;
du bist mein Schatten am Tage
und in der Nacht mein Licht.

Wo ich auch nach dir frage,
find' ich von dir Bericht,
du lebst in meiner Klage
und stirbst im Herzen nicht.

Du bist ein Schatten am Tage
und in der Nacht ein Licht;
du lebst in meiner Klage
und stirbst im Herzen nicht.

Friedrich Rückert

Gott schauen ist Tod, das wussten alle Völker.
Gott erraten ist Leben.

Christian Morgenstern

Der Tod eines Menschen ist wie das Zurückgeben einer Kostbarkeit, die uns Gott lange geliehen hat.

Vom Schein lass mich gelangen zum Sein;
von der Finsternis lass mich gelangen zum Licht;
vom Tod lass mich gelangen zum Leben!

Upanishaden

Auch das ist Kunst, ist Gottesgabe:
Aus ein paar sommerlichen Tagen
sich so viel Licht ins Herz tragen,
dass, wenn der Sommer längst verweht,
das Leuchten immer noch besteht.

Johann Wolfgang von Goethe

Nur im Aufblick zu Gott ist meine Seele still,
von ihm kommt mir Hilfe.

Der Tod ist kein Untergang,
sondern ein Übergang:
vom Erdenwanderweg hinein in die Ewigkeit.

Thascius Caecilius Cyprianus

Gottes Macht halte dich aufrecht,
Gottes Auge schaue auf dich,
Gottes Wort spreche für dich,
Gottes Hand schütze dich.

Irischer Segenswunsch

Was Gott tut, ist wohlgetan,
es bleibt gerecht sein Wille.
Wie er fängt meine Sache an,
so will ich halten stille.

Samuel Rodigast

Durch das Leid hindurch, nicht am Leid vorbei, geht der Weg zur Freude.

Karl Barth

Allein zu sein!
Drei Worte, leicht zu sagen,
und doch so schwer,
so endlos schwer zu ertragen.

Adalbert von Chamisso

Der Mensch, den wir liebten, ist nicht mehr da, wo er war, wohl aber überall, wo wir sind und seiner gedenken.

Aurelius Augustinus

Das Leben ist ein Geschenk, das wir verdienen, indem wir es hingeben.

Rabindranath Tagore

Wo gehen wir denn hin?
Nach Hause – immer nach Hause.

Novalis

Trösten ist eine Kunst des Herzens, sie besteht oft darin, liebevoll zu schweigen und schweigend mitzuleiden.

Otto von Leixner

Was ich wollte, liegt zerschlagen,
Herr, ich lasse ja das Klagen,
und das Herz ist still.
Nun aber gib auch Kraft zu tragen,
was ich nicht will.

Joseph Freiherr von Eichendorff

Wir wandelten in Finsternis,
bis wir das Licht sahen.
Aber die Finsternis blieb
und es fiel der Schatten auf unseren Weg.

Theodor Fontane

Des Todes rührendes Bild steht nicht als Schrecken dem Weisen und nicht als Ende dem Frommen. Jenen drängt es ins Leben zurück und lehret ihn handeln; diesem stärkt es zu künftigem Heil im Trübsal die Hoffnung; beiden wird zum Leben der Tod.

Johann Wolfgang von Goethe

Es war, als hätte der Himmel die Erde still geküsst, dass sie im Blütenschimmer von ihm nun träumen müsst.
Und meine Seele spannte weit ihre Flügel aus, flog über ferne Lande, als flöge sie nach Haus.

Joseph Freiherr von Eichendorff

Das Leben wird nach Jahren gezählt und nach Taten gemessen.

Laotse

Du bist gerettet, wenn du glauben kannst.

Johann Wolfgang von Goethe

Kein Toter ist tot, solange einer an ihn denkt, einer ihn liebt.

Johannes Mario Simmel

Sehne dich nach ihm wie nach einem Abwesenden, nicht wie nach einem Toten, so dass man glaubt, du habest ihn nicht verloren, sondern wartest auf seine Rückkehr.

Eusebius Hieronymus

Wir können niemals lernen, tapfer und geduldig zu sein, wenn es auf der Welt nur Freude gäbe.

Helen Keller

Herzensgüte übersteht auch den Tod.

Weisheit aus dem Talmud

Ich gehe euch voraus
in den Frieden des Herrn
und erwarte euch dort zum ewigen Wiedersehen.

Aurelius Augustinus

Gegen den Schmerz der Seele gibt es nur zwei Arzneimittel: Hoffnung und Geduld.

Pythagoras

Und wie auf dunkler Wolke der schweigende, der schöne Bogen blühet, ein Zeichen ist er künft'ger Zeit, ein Angedenken seliger Tage, die einst gewesen.

Friedrich Hölderlin

Falls der Tod aber gleichsam ein Auswandern ist von hier an einen anderen Ort, und wenn es wahr ist, was man sagt, dass alle, die gestorben sind, sich dort befinden, welch ein größeres Glück gäbe es wohl als dieses?

Sokrates

Uns alle erwartet die eine Nacht und einmal müssen wir den Weg des Todes beschreiten.

Horaz

Diese Zeit ist ein Augenblick.
Unser Erdendasein wie unser Erdengang
ein Fall durch Augenblicke.

Jean Paul

Wir haben, wo wir lieben, ja nur dies: einander lassen; denn dass wir uns halten, das fällt uns leicht und ist nicht erst zu lernen.

Rainer Maria Rilke

Für jeden Menschen gibt es eine Zeit, in der er so war, wie wir ihn kannten. Die Zeit, in der er nun ist, bleibt uns fremd, da der Verstand nur aus der Vergangenheit lebt und für die Zukunft den Glauben braucht.

Ledoc

Gottes Hilfe kommt immer, wo sie tatsächlich nötig ist, obgleich oft erst im letzten Augenblick. Die eine und einzige Zuflucht bleibt Gott, der das Schreien seiner Kinder hört.

Georg Müller

Gott zu dir rufe ich am frühen Morgen.
Hilf mir beten
und meine Gedanken sammeln;
ich kann es nicht allein.
In mir ist es finster, aber bei dir ist Licht.
Ich bin einsam, aber du verlässt mich nicht.
Ich bin kleinmütig, aber bei dir ist Hilfe.
Ich bin unruhig, aber bei dir ist Frieden.
In mir ist Bitterkeit, aber bei dir ist die Geduld.
Ich verstehe deine Wege nicht, aber du weißt den
Weg für mich.

Dietrich Bonhoeffer

Mit den Flügeln der Zeit
fliegt die Traurigkeit davon.

Jean de La Fontaine

Was wäre das Leben ohne Tod?
Wäre der Tod nicht,
es würde keiner das Leben schützen,
man hätte vielleicht nicht einmal
einen Namen dafür.

Jakob Bosshart

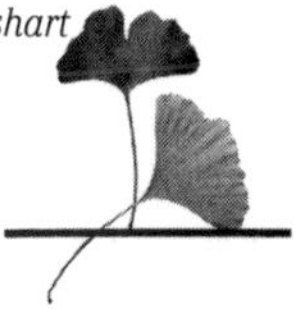

Gottes Hände halten die weite Welt,
Gottes Hände tragen das Sternenzelt,
Gottes Hände führen das kleinste Kind,
Gottes Hände über dem Schicksal sind.

Gottes Hände sind meine Zuversicht:
Durch alles Dunkel führen sie doch zum Licht!
Im Frieden geborgen, vom Sturm umtost.
In deinen Händen, Herr, bin ich getrost.

Ich kam an deine Küste als Fremdling,
ich wohnte in deinem Haus als Gast,
ich verlasse deine Schwelle als ein Freund,
meine Erde.

Rabindranath Tagore

Siehe nun,
ich komme zum Land meines Ursprungs
und gelange an den Ort,
wo ich von nun an ewig weilen werde.

Aus dem Ägyptischen Totenbuch

Das Leben währt ewig;
und die Liebe ist unvergänglich;
und der Tod ist nur ein Horizont;
und ein Horizont stellt nichts weiter
als die Begrenzung unseres Blickes dar.

Unsere Toten sind nicht abwesend, sondern nur unsichtbar. Sie schauen mit ihren Augen voller Licht in unsere Augen voller Trauer.

Aurelius Augustinus

Da mag vergehn, verwehen
das trübe Erdenleid,
da sollst du auferstehen
in junger Herrlichkeit.

Joseph von Eichendorff

Gottes Wege sind dunkel, aber das Dunkel liegt nur auf unseren Augen, nicht auf unseren Wegen.

Matthias Claudius

Ich weiß nicht, wohin ich gehe, aber ich gehe nicht ohne Hoffnung.

Hans-Joachim Kulenkampf

Unsere Toten leben fort in den süßen Flüssen der Erde,
kehren wieder mit des Frühlings leisem Schritt,
und es ist ihre Seele im Wind,
der die Oberfläche der Teiche kräuselt.

Häuptling Seattle

Die Seele führt das Leben immer mit sich, also kann sie nicht sterben.

Johann Wolfgang von Goethe

Es sind die Lebenden,
die den Toten die Augen schließen.
Es sind die Toten,
die den Lebenden die Augen öffnen.

Franz von Sales

Der Tod ist doch so etwas Seltsames, dass man ihn, unerachtet aller Erfahrung, bei einem uns teuren Gegenstande nicht für möglich hält und er immer als etwas Unglaubliches und Unerwartetes eintritt. Es ist gewissermaßen eine Unmöglichkeit, die plötzlich zur Wirklichkeit wird. Und dieser Übergang aus einer uns bekannten Existenz in eine andere, von der wir auch gar nichts wissen, ist etwas so Gewaltsames, dass es für die Zurückbleibenden nicht ohne die tiefste Erschütterung abgeht.

Johann Wolfgang von Goethe

Die Zeit geht nicht, sie stehet still,
wir ziehen durch sie hin;
sie ist eine Karawanserei,
wir sind die Pilger drin.

Gottfried Keller

Mögest du auf deinem Wege Freunde finden,
die Führung der Engel
und das Geleit der Heiligen.

Irischer Segenswunsch

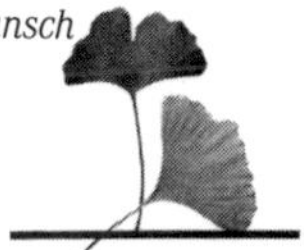

Der Gedanke an die Veränderlichkeit aller irdischen Dinge ist ein Quell unendlichen Leids und ein Quell unendlichen Trostes.

Marie von Ebner-Eschenbach

Meistens belehrt erst der Verlust uns über den Wert der Dinge.

Arthur Schopenhauer

Mir ist der Tod nicht schwer,
da im Tode aufhören die Leiden;
ihm nur, den ich geliebt,
ihm wünscht' ich eine längeres Leben.
Nun miteinander vergehn
wir zwei in der einzigen Seele.

Ovid

Was ist unser Leben als eine Reihe von Präludien zu jenem unbekannten Lied, dessen erste feierliche Note der Tod anschlägt.

Alphonse de Lamartine

Es gibt nichts, was uns die Abwesenheit eines lieben Menschen ersetzen kann, und man soll das auch gar nicht versuchen; man muss es einfach aushalten und durchhalten; das klingt zunächst sehr hart, aber es ist doch zugleich ein großer Trost; denn indem die Lücke wirklich unausgefüllt bleibt, bleibt man durch sie miteinander verbunden.
Es ist verkehrt, wenn man sagt, Gott füllt die Lücke aus; er füllt sie gar nicht aus, sondern hält sie vielmehr gerade unausgefüllt und hilft uns dadurch, unsere echte Gemeinschaft miteinander – wenn auch unter Schmerzen – zu bewahren.

Dietrich Bonhoeffer

Sterben ist kein ewiges Getrenntwerden, es gibt ein Wiedersehen an einem helleren Tag.

Kardinal Faulhaber

Der Engel Gottes sei in dir, um dich zu trösten, wenn du traurig bist.

Irischer Segenswunsch

Und ein Gott, ein heiliger Wille lebt,
wie auch der menschliche wanke,
hoch über der Zeit und dem Raume webt
lebendig der höchste Gedanke,
und ob alles in ewigem Wechsel kreist,
es beharrt im Wechsel ein ruhiger Geist.

Friedrich von Schiller

Ich bin bei dir, du seiest auch noch so ferne,
du bist mir nah!
Die Sonne sinkt, bald leuchten mir die Sterne.
O wärst du da!

Johann Wolfgang von Goethe

Wir trennen uns nur, um inniger einig zu sein, göttlicher friedlich mit allem, mit uns. Wir sterben, um zu leben.

Friedrich Hölderlin

So ist es auch nicht dasselbe, ob jemand lebt, um zu sterben, oder ob jemand stirbt, um zu leben.

Eusebius Hieronymus

Nur wenige Menschen sind wirklich lebendig
und die, die es sind, sterben nie.
Es zählt nicht, dass sie nicht mehr da sind.
Niemand, den man wirklich liebt, ist jemals tot.

Ernest Hemingway

Der Glaube gibt uns Kraft, tapfer zu tragen,
was wir nicht ändern können,
und Enttäuschungen und Sorgen
gelassen auf uns zu nehmen,
ohne Jede Hoffnung zu verlieren.

Martin Luther King

In jedem lebt ein Bild des, das er werden soll,
solang er das nicht ist, ist nicht sein Friede voll.

Angelus Silesius

Der lange Schlaf des Todes schließt unsere Narben zu und der kurze des Lebens unsere Wunden.

Jean Paul

Je schöner und voller die Erinnerung, desto schwerer die Trennung. Aber die Dankbarkeit verwandelt die Qual der Erinnerung in eine stille Freude. Man trägt das vergangene Schöne nicht wie einen Stachel, sondern wie ein kostbares Geschenk in sich. Man muss sich hüten, in den Erinnerungen zu wühlen, sich ihnen auszuliefern, wie man auch ein kostbares Geschenk nicht immerfort betrachtet, sondern nur zu besonderen Stunden und es sonst nur wie einen verborgenen Schatz, dessen man sich gewiss ist, besitzt; dann geht eine dauernde Freude und Kraft von dem Vergangenen aus.

Dietrich Bonhoeffer

Nach der Zeit der Tränen und der tiefen Trauer
bleibt die Erinnerung.
Die Erinnerung ist unsterblich
und gibt uns Trost und Kraft.

Wenn die Seele das Eine findet, in dem alles eins ist, bleibt sie in dem Einen.

Meister Eckhart

Du bist ins Leere verschwunden, aber im Blau des Himmels hast du eine unfassbare Spur zurückgelassen, im Wehen des Windes unter Schatten ein unsichtbares Bild.

Rabindranath Tagore

Die Nachtigall singt nur im Dunkeln. So lernen wir die himmlische Melodie eines edlen Herzens erst kennen, wenn es trauert.

Ludwig Börne

Die Liebe hemmet nichts;
sie kennt nicht Tür noch Riegel
und dringt durch alles sich;
sie ist ohn' Anbeginn,
schlug ewig ihre Flügel.
Und schlägt sie ewiglich.

Matthias Claudius

Die, die wir lieben,
ist nicht mehr da, wo sie war,
aber überall dort,
wo wir ihrer in Liebe gedenken.

Aurelius Augustinus

Aller Ernst entstammt dem Tode,
ist Ehrfurcht vor ihm.

Johann Wolfgang von Goethe

Wer weint, vermindert seines Grames Tiefe.

William Shakespeare

Unsere Verstorbenen
sind nicht die Vergangenen,
sondern die Vorausgegangenen.

Karl Rahner

Die Nacht scheint tief hereinzubrechen,
allein im Innern leuchtet helles Licht.

Johann Wolfgang von Goethe

Trauer kann man nicht überwinden
wie einen Feind.
Trauer kann man nur verwandeln:
den Schmerz in Hoffnung,
die Hoffnung in tiefes Leben.

Sascha Wagner

Das Bewusstsein eines erfüllten Lebens
und die Erinnerung an viele gute Stunden
sind das größte Glück auf Erden.

Marcus Tullius Cicero

Oft ist's der eigne Geist, der Rettung schafft,
die wir beim Himmel suchen. Unserer Kraft
verleiht er freien Raum und nur dem Trägen,
dem Willenlosen, stellt er sich entgegen.

William Shakespeare

Die Zeit, Gott zu suchen, ist das Leben.
Die Zeit, Gott zu finden, ist der Tod.
Die Zeit, ihn zu besitzen, ist Ewigkeit.

Franz von Sales

Selber wird mich befreien der Gott,
wenn ich es wünsche.
Das heißt doch: Sterben werd ich.
Der Tod ist das letzte Ziel aller Dinge.

Horaz

Niemand stirbt,
außer an seinem eigenen Tage.
Nichts verlierst du von deiner Zeit:
Denn was du hinter dir lässt,
ist fremdes Eigentum.

Lucius Annaeus Seneca

Du hast ihn uns gegeben, Herr,
und es war unsere Freude.
Jetzt hast du ihn zu dir genommen
und wir wollen ihn dir zurückgeben,
ohne zu murren.
Aber das Herz ist voll Wehmut
bis zum Wiedersehen.

Hieronymus

Alles wandelt sich, nichts vergeht.

Ovid

Das Leben kann als Traum angesehen werden
und der Tod als Erwachen.

Arthur Schopenhauer

Gott ist auch in der Finsternis
der Verzweiflung bei uns.
Er gibt uns die Kraft und den Mut,
trotz allem vorwärts zu gehen.

Martin Luther King

Lege alles still in Gottes Hände,
das Glück, das Leid,
den Anfang und das Ende.

Jeder Tod hinterlässt eine Schürfwunde
und jedes Mal, wenn ein Kind vor Freude lacht,
vernarbt sie.

Elie Wiesel

TROSTWORTE

beim Tod naher Verwandter

Lass mich schlafen,
bedecke nicht meine Brust mit Weinen und Seufzen,
sprich nicht voller Kummer von meinem Weggehen,
sondern schließe deine Augen,
und du wirst mich unter euch sehen,
jetzt und immer.

Khalil Gibran

Angedenken an das Gute
hält uns immer frisch im Mute.
Angedenken an das Schöne
ist das Heil der Erdensöhne.
Angedenken an das Liebe,
glücklich, wenn's lebendig bliebe!
Angedenken an das Eine
bleibt das Beste, was ich meine.

Johann Wolfgang von Goethe

Unsere Lieben wachsen, wenn sie gegangen sind, in uns hinein, werden Teil von uns, geben uns ihre Liebe und Kraft. Und am Ende bewahren wir sie unsichtbar in uns.

Ach! Das schmerzt unendlich,
wohlerworbne Liebe zu vermissen.

Johann Wolfgang von Goethe

Was man tief in seinem Herzen besitzt,
kann man nicht durch den Tod verlieren.

Johann Wolfgang von Goethe

Du versuchst, o Sonne, vergebens,
durch die düsteren Wolken zu scheinen!
Der ganze Gewinn meines Lebens
ist, ihren Verlust zu beweinen.

Johann Wolfgang von Goethe
auf Christianes Grabplatte

Was hilft uns überwinden? Die Liebe.
Was lässt nicht lange weinen? Die Liebe.
Was soll uns stets vereinen? Die Liebe.

Johann Wolfgang von Goethe

Ach, schrittest du durch den Garten
noch einmal im raschen Gang.
Wie gerne wollte ich warten,
warten stundenlang.

Theodor Fontane

Der Tod einer Mutter ist der erste Kummer,
den man ohne sie beweint.

Jean Antoine Petit-Senn

Niemand ist fort, den man liebt.
Liebe ist ewige Gegenwart.

Stefan Zweig

Weint und lacht, denkt an mich:
Warum soll ich nicht mehr
in euren Gedanken sein,
nur weil ich nicht mehr
in eurem Blickfeld bin?
Ich bin nicht weit weg.
Ich bin nur auf der anderen Seite des Weges.

Charles Péguy

Nirgends, Geliebte,
wird Welt sein als innen.
Unser Leben geht hin mit Verwandlung.
Und immer geringer
schwindet das Außen.

Rainer Maria Rilke

Die Liebe ist stärker als der Tod
und die Schrecken des Todes.
Allein die Liebe erhält
und bewegt unser Leben.

Iwan Turgenjew

Solange wir einander lieben können und uns an dieses Gefühl der Liebe erinnern können, können wir sterben, ohne jemals wirklich fortzugehen. All die Liebe, die du geschaffen hast, ist noch immer da. Alle Erinnerungen sind noch immer da. Du lebst weiter – in den Herzen aller Menschen, die du berührt hast und denen du Gutes getan hast, während du hier warst.

Mitch Albom

Mütter sterben nicht, gleichen alten Bäumen.
In uns leben sie und in unseren Träumen.
Wie ein Stein den Wasserspiegel bricht,
zieht ihr Leben in unserem Kreise.
Mütter sterben nicht,
Mütter leben fort auf ihre Weise.

Wir gingen zusammen im Sonnenschein,
wir gingen im Sturm und im Regen,
doch niemals ging einer von uns allein
auf unseren Lebenswegen.

Überall sind Spuren deiner Liebe,
Bilder, Augenblicke, Gefühle, Gedanken ...
Sie erinnern uns immer an dich.
Wir sind dankbar, dass du bei uns warst.

Nun ruhst du aus in Gottes Frieden.
Am Ziele deiner Pilgerbahn,
von Gott, dem Herrn, sei beschieden
der Dank für das, was du getan.

Wie du im Anfang warst, als meine Wege begannen, so sei du auch wieder am Ende meines Wegs. Wie du bei mir warst, als sich meine Seele formte, sei du, Vater, auch für meinen Weg das Ziel.

Aus einem altirischen Schutzgebet

Aller Sinn des Lebens
ist erfüllt, wo Liebe ist.

Nimmer vergeht, was du liebend getan.

Du machtest meine Tage nur eine Spanne lang,
meine Lebenszeit ist vor dir wie ein Nichts.
Ein Hauch nur ist jeder Mensch.
Und nun, Herr, worauf soll ich hoffen?
Auf dich allein will ich harren.
Hör mein Gebet, Herr, vernimm mein Schreien,
schweig nicht zu meinen Tränen!

Psalm 39,6.8.13

TROSTWORTE

beim Tod von Freunden und Kollegen

Wenn wieder jemand, der uns so nah angehört hat, von unserer Seite genommen wird, empfinden wir das Weh der Trennung, jenes Trauergefühl eines enger um uns gezogenen Kreises; es ist uns, als ob die andere Welt uns selbst fühlbar anstoße. Indessen, das sichere Bewusstsein, dass die Unsrigen in Frieden bei Gott sind, dass sie darum uns nahe, für uns tätig bleiben, dass die geistigen Bande uns enger als je mit ihnen verbinden, dass sie unserer in Herrlichkeit harren zur ewigen und seligen Gemeinschaft, wir mit ihnen für sie und sie für uns beten, bis alles irdische Leid überstanden ist, ist ein so großer Trost, dass er den Schmerz sänftigen muss, der uns beim Verlust überkommt.

Adolph Kolping

Die Spuren deines Lebens,
deiner Hände Werk
und die Zeit mit dir
wird stets in uns lebendig sein.

Wenn ein so lieber Mensch stirbt,
ist er nicht wirklich tot,
sondern lebt in unseren Herzen weiter.

Wenn durch einen Menschen
ein wenig mehr Liebe und Güte,
ein wenig mehr Licht und Wahrheit
in der Welt war,
dann hat sein Leben einen Sinn gehabt.

Alfred Delp

Denn was ein guter Mensch erreichen kann,
ist nicht im engsten Raum des Lebens
zu erreichen.
Drum lebt er auch nach seinem Tode fort
und ist so wirksam, als er lebte,
die gute Tat, das schöne Wort,
es strebt unsterblich, wie er sterblich strebte.
So lebst auch du durch ungemessne Zeit.
Genieße der Unsterblichkeit.

Johann Wolfgang von Goethe

Das Leben eines Menschen
ist ein von Gotteshand geschriebenes Märchen.

Hans Christian Andersen

Nichts macht uns älter als der Tod von Menschen,
die wir als Kinder kannten.

Julien Green

Was glänzt, ist für den Augenblick geboren,
das Echte bleibt der Nachwelt unverloren.

Johann Wolfgang von Goethe

Je weiter man in der Erfahrung fortrückt,
desto näher kommt man
dem Unerforschlichen.

Johann Wolfgang von Goethe

Hoffnung
ist nicht die Überzeugung,
dass etwas gut ausgeht,
sondern die Gewissheit,
dass etwas Sinn hat,
egal, wie es ausgeht.

Vaclav Havel

Mit jedem Menschen stirbt eine Welt.

Gerhart Hauptmann

Du bist nicht mehr dort,
wo du warst.
Aber du bist überall,
wo wir sind.

Victor Hugo

Gottes sind Wogen und Wind,
Segel aber und Steuer,
dass ihr den Hafen gewinnt,
sind euer.

Gorch Fock

Der Mensch selbst stirbt und vergeht; doch seine Ideen und Handlungen leben fort und hinterlassen der Menschheit einen unauslöschlichen Eindruck. Und so bekommt der Geist seines Lebens Dauer und Ewigkeit, beeinflusst Gedanken und den Willen und trägt dadurch dazu bei, den Charakter der Zukunft zu gestalten.

Samuel Smiles

Nicht das Freuen, nicht das Leiden
stellt den Wert des Menschen dar,
immer nur wird das entschieden,
was der Mensch dem Menschen war.

Ludwig Uhland

Denn jeder einzelne Mensch
ist schon eine Welt,
die mit ihm geboren wird und mit ihm stirbt,
unter jedem Grabstein
liegt eine Weltgeschichte.

Heinrich Heine

Die größten Menschen sind jene,
die anderen Hoffnung geben können.

Jean Jaurès

Je mehr du gedacht,
je mehr du getan hast,
desto länger hast du gelebt.

Immanuel Kant

Im Grunde sind es doch
die Verbindungen mit den Menschen,
welche dem Leben seinen Wert geben.

Wilhelm von Humboldt

Ich schlief und träumte, das Leben sei Freude.
Ich erwachte und sah, das Leben ist Pflicht.
Ich handelte und siehe, die Arbeit war Freude.

Rabindranath Tagore

Wer den Besten seiner Zeit hat genug getan,
der hat gelebt für alle Zeiten.

Friedrich Schiller

Das schönste Denkmal, das ein Mensch
bekommen kann,
steht in den Herzen seiner Mitmenschen.

Albert Schweitzer

Niemals geht man so ganz,
irgendetwas von dir bleibt hier,
es hat seinen Platz immer bei uns.

Was ein Mensch an Gutem in die Welt hinausgibt,
geht nicht verloren.

Albert Schweitzer

Mit dem Tod eines lieben Menschen
verliert man vieles,
niemals aber die gemeinsam
verbrachte schöne Zeit.

Wir werden uns immer an dich erinnern,
auch wenn du nicht mehr unter uns bist.
Die Spuren deines Lebens werden
uns nie vergessen lassen.

Und immer sind irgendwo
Spuren deines Lebens,
Gedanken, Bilder, Augenblicke und Gefühle,
sie werden uns immer an dich erinnern
und dich dadurch nicht vergessen lassen.

Ein Mensch wird nicht sterben,
solange ein anderer sein Bild
im Herzen trägt.

TROSTWORTE

bei einem plötzlichen Todesfall

Die Gewissheit des Todes
wird etwas gemildert
durch die Ungewissheit seines Erscheinens;
er ist eine unbestimmte Größe in der Zeit,
die etwas vom Unendlichen an sich hat
und von dem, was man Ewigkeit nennt.

Jean de La Bruyère

Wie wir mitten im Leben vom Tode umfangen sind, so müsst ihr jetzt auch ganz fest überzeugt sein, dass wir mitten im Tode vom Leben umfangen sind.

Johannes Calvin

Es nimmt der Augenblick, was Jahre geben.

Johann Wolfgang von Goethe

Mag sein Lebensalter unvollendet geblieben sein,
sein Leben ist vollendet.

Seneca

Dass wir erschraken, da du starbst, nein,
dass dein starker Tod uns dunkel unterbrach,
das Bisdahin abreißend vom Seither:
Das geht uns an; das einzuordnen wird
die Arbeit sein, die wir mit allem tun.

Rainer Maria Rilke

Für jeden steht ein Tag fest,
kurz und unwiderruflich ist
unser aller Zeit.

Vergil

Rasch tritt der Tod den Menschen an,
es ist ihm keine Frist gegeben;
es stürzt ihn mitten in der Bahn,
es reißt ihn fort vom vollen Leben.

Friedrich Schiller

Das einzig Wichtige im Leben sind die Spuren von Liebe, die wir hinterlassen, wenn wir ungefragt weggehen und Abschied nehmen müssen.

Albert Schweitzer

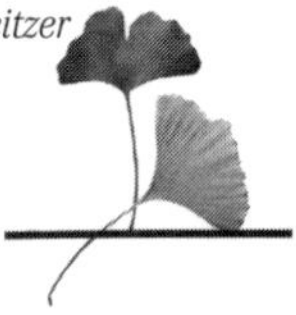

Unerforschlich für uns alle sein plötzliches Ende.

Man sieht die Sonne untergehn
und erschrickt dennoch,
wenn es plötzlich Nacht wird.

Mitten wir im Leben sind
mit dem Tod umfangen.
Wen suchen wir, der Hilfe tu,
dass wir Gnad erlangen?
Das bist du, Herr, alleine.
Uns reuet unsre Missetat,
die dich, Herr, erzürnet hat.

Martin Luther

Die Sonne sank, bevor es Abend wurde.
Warum immer die Besten so früh?

Heiliger Herre Gott,
heiliger starker Gott,
heiliger barmherziger Heiland,
du ewiger Gott:
Lass uns nicht versinken
in des bittern Todes Not.
Kyrie eleison.

Es ist ein tiefes Loch, eine Wunde,
die immer wieder aufreißen wird.
Schmerz, der niemals heilen wird.
Leere, die niemals zu füllen sein wird.
Trauer, die niemand stillen kann.
Fragen, die niemals beantwortet werden,
doch eine wunderbare Erinnerung,
die uns keiner mehr nehmen kann.

TROSTWORTE

zum Tod nach schwerer Krankheit

Der Schmerz ist der große Lehrer der Menschen. Unter seinem Hauche entfalten sich die Seelen.

Marie von Ebner-Eschenbach

Der Fluch des Sterben-Müssens soll zu einem Segen gewandelt werden: Dass man noch sterben kann, wenn es unerträglich ist zu leben.

Elias Canetti

Sein Wille war es, dass mir dies begegnete,
dass in Krankheit deine Hand mich segnete.

Vielleicht bedeutet Liebe auch,
jemanden gehen zu lassen,
zu wissen, wann es Abschied nehmen heißt,
nicht zuzulassen,
dass unsere Gefühle im Weg stehen,
was am Ende wahrscheinlich besser ist für die,
die wir lieben.

Sergio Bambaren

Es war letzte Nacht und nah das Ende;
wir küssten dir die zarten weißen Hände;
du sprachst, lebt wohl, in deiner stillen Weise,
und: oh, die schönen Blumen! riefst du leise.
Dann war's vorbei. Die großen Augensterne,
weit, unbeweglich, starrten in die Ferne,
indes um deine Lippen, halbgeschlossen,
ein kindlichernstes Lächeln ausgegossen.
So lagst du da, als hättest du entzückt
und staunend eine neue Welt erblickt.

Wilhelm Busch

Der du von dem Himmel bist,
alles Leid und Schmerzen stillest,
den, der doppelt elend ist,
doppelt mit Erquickung füllest,
ach, ich bin des Treibens müde!
Was soll all der Schmerz und Lust?
Süßer Friede,
komm, ach komm in meine Brust!

Johann Wolfgang von Goethe

Meine Stunde ist kommen.
Ich hoffte,
sie sollte sein wie mein Leben.
Sein Wille geschehe.

Johann Wolfgang von Goethe

Sie ist nun frei
und unsere Tränen wünschen ihr Glück.

Johann Wolfgang von Goethe

Es gibt viel Trauriges in der Welt und viel Schönes – manchmal scheint das Traurige mehr Gewalt zu haben, als man ertragen kann, dann stärkt sich indessen leise das Schöne und berührt wieder unsere Seele.

Hugo von Hofmannsthal

Glücklich der Mann, der den Hafen erreicht hat
und hinter sich ließ das Meer und die Stürme ...

Heinrich Heine

Für mich ist die größte Entfaltung
menschlichen Lebens,
in Frieden und Würde zu sterben,
denn das ist die Ewigkeit.

Mutter Teresa

Die Blätter fallen, fallen wie von weit,
als welkten in den Himmeln ferne Gärten;
sie fallen mit verneinender Gebärde.

Und in den Nächten fällt die schwere Erde
aus allen Sternen in die Einsamkeit.

Wir alle fallen. Diese Hand da fällt.
Und sieh dir andre an: Es ist in allen.

Und doch ist einer, welcher dieses Fallen
unendlich sanft in seinen Händen hält.

Rainer Maria Rilke

Wenn dann zuletzt ich falle,
wie man im Sterben fällt,
und deinen Namen lalle,
sei du mir, der mich hält.

Gib, dass ich mich dann lasse
nur fallen frei und blind,
und noch im Sturze fasse
mich, Vater, als dein Kind.

Heinrich Vogel

Wohl dem, der gelernt hat zu ertragen,
was er nicht ändern kann,
und preis zu geben mit Würde,
was er nicht retten kann.

Friedrich von Schiller

Unruhig bleibt unser Herz,
bis es Ruhe findet in dir.

Leise kam das Leid zu ihm, trat an seine Seite,
schaute still und ernst ihn an, blickte dann ins Weite.
Leise nahm es seine Hand, ist mit ihm geschritten,
ließ ihn niemals wieder los, er hat viel gelitten.
Leise ging die Wanderung über Tal und Hügel,
und uns wär's, als wüchsen still seiner Seele Flügel.

Du hast jetzt überwunden
viele schwere, harte Stunden.
Manchen Tag und manche Nacht
hast du in Schmerzen zugebracht.
Geduldig hast du sie ertragen
all die Schmerzen, all die Plagen,
bis der Tod dein Auge bricht,
doch vergessen können wir dich nicht.

Unser Herz will dich halten,
unsere Liebe dich umfangen.
Unser Verstand muss dich gehen lassen.
Denn deine Kraft war zu Ende
und deine Erlösung Gnade.

Obwohl wir dir die Ruhe gönnen,
ist voller Trauer unser Herz.
Dich leiden sehen, nicht helfen können,
das war für uns der größte Schmerz.

Müde geworden
von den langen Wegen
des Lebens und des Sterbens
bin ich endlich
angekommen.

Aus Japan

Nun hab' ich's überwunden,
jetzt bin ich schmerzensfrei,
denn all die kranken Stunden
sind Gott sei Dank vorbei.
Die Sorgen leg' ich nieder,
die Tränen wisch' ich ab
und leg' auch freudig nieder
zur Ruhe mich ins Grab.

Der Tod kann auch freundlich kommen zu Menschen, die alt sind, deren Hand nicht mehr festhalten will, deren Augen müde wurden, deren Stimme nur noch sagt: Es ist genug. Das Leben war schön.

Weinet nicht, ich habe es überwunden,
bin befreit von meiner Qual.
Doch lasst mich in stillen Stunden
bei euch sein manches Mal.

Was willst du ihm bieten an jenem Tage,
wenn der Tod an deine Tür pocht?

O, ich will vor meinem Gast die volle Schale
meines Lebens stellen,
will ihn mit leeren Händen gehen lassen.

Die volle, süße Lese aller meiner Herbstetage,
aller meiner Sommernächte, jeden Gewinn
und jede späte Ernte erfüllten Lebens
will ich vor ihn stellen am Ende meiner Tage,
wenn der Tod an meine Tür pocht.

Rabindranath Tagore

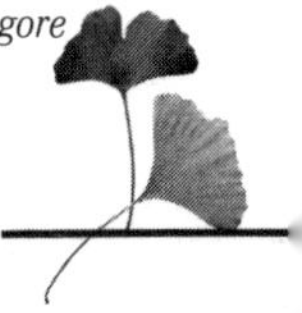

Nun ist es Abend, nun ist es genug.
Nun birg mich, Herr, in deinen Händen.
Schwer war'n die Lasten, die ich selber trug.
Nun trägst du mich – in Gnade ohne Ende.

Als die Kraft zu Ende ging,
war's kein Sterben, war's Erlösung.

Der Tod ist der Grenzstein des Lebens,
aber nicht der Liebe.

So nimm denn meine Hände und führe mich
bis an mein selig Ende und ewiglich!

Ich mag allein nicht gehen,
nicht einen Schritt;
wo du wirst geh'n und stehen,
da nimm mich mit!

Julie von Hausmann

Wir treten aus dem Schatten
bald in ein helles Licht.
Wir treten durch den Vorhang
vor Gottes Angesicht.
Wir legen ab die Bürde,
das müde Erdenkleid;
sind fertig mit den Sorgen
und mit dem letzten Leid.
Wir treten aus dem Dunkel
nun in ein helles Licht.
Warum wir's Sterben nennen?
Ich weiß es nicht.

Dietrich Bonhoeffer

Unser Leben ist in Gottes Hand,
wenn es sein Wille ist,
dann trauert nicht um mich,
sondern gedenket meiner in Liebe.

Was ich gelitten, weißt nur du,
drum, unser Vater, schenk mir Ruh'.

TROSTWORTE

zum Tod von Kindern
und Jugendlichen

Ihr glücklichen Augen,
was je ihr gesehn,
es sei, wie es solle,
es war doch so schön.

Johann Wolfgang von Goethe

Die Schönheit ist den Kindern eigen,
ist Gottes Ebenbild vielleicht –
ihr Eigentum ist Ruh und Schweigen,
das Engeln auch zum Lob gereicht.

Friedrich Hölderlin

Mein Geist,
bewegt von innerlichem Streite,
empfand so sehr in diesem kurzen Leben,
wie leicht es ist, die Heimat aufzugeben,
allein wie schwer, zu finden eine zweite.

August von Platen

Wem ein Geliebtes stirbt, dem ist es wie ein Traum,
die ersten Tage kommt er zu sich selber kaum.
Wie er's ertragen soll, kann er sich selbst nicht fragen;
und wenn er sich besinnt, so hat er's schon ertragen.

Friedrich Rückert

Du kamst, du gingst mit leiser Spur,
ein flücht'ger Gast im Erdenland.
Woher? Wohin? Wir wissen nur:
aus Gottes Hand in Gottes Hand.

Johann Ludwig Uhland

Leben ist wie Schnee,
du kannst ihn nicht bewahren.
Trost ist,
dass du da warst,
Stunden,
Monate,
Jahre.

Herman van Veen

Egal wie kurz, egal wie zerbrechlich,
jedes Leben ist ein Geschenk,
welches für immer in unseren
Herzen weiterleben wird.

Er hat sein Haus bestellt,
er war bereit,
dennoch -
er hätte uns gerne noch begleitet.
Es ist immer zu früh.

Wenn dir jemand erzählt,
dass die Seele mit dem Körper zusammen vergeht
und dass das, was einmal tot, niemals wiederkommt,
so sage ihm: Die Blume geht zugrunde,
aber der Same bleibt zurück und liegt vor uns,
geheimnisvoll, wie die Ewigkeit des Lebens.

Khalil Gibran

Die Zeit heilt nicht alle Wunden,
sie lehrt uns nur, mit dem
Unbegreiflichen zu leben.

Wir halten uns für dich bereit,
die Welt soll uns nicht binden.
Du lässt uns aus der Angst der Zeit
zu dir den Heimweg finden.

Paul Gerhardt

Wenn man auch allen Sonnenschein
wegstreicht, so gibt es doch noch
den Mond und die Sterne und
die Lampe am Winterabend.
Es ist so viel schönes Licht auf der Welt.

Wilhelm Raabe

Hab dein Schicksal lieb,
denn es ist der Weg Gottes mit deiner Seele.

Fjodor Dostojewski

QUELLENVERZEICHNIS

Dietrich Bonhoeffer, alle Texte aus
ders., Widerstand und Ergebung,
© by Gütersloher Verlagshaus, Gütersloh,
in der Verlagsgruppe Random House GmbH,
München.

Alle Bibeltexte
Einheitsübersetzung der Heiligen Schrift,
© 1980 Katholische Bibelanstalt, Stuttgart.